Essentielle Tipps für Bachelor-Studierende der Psychologie

Paul J. Silvia • Peter F. Delaney • Stuart Marcovitch

Essentielle Tipps für Bachelor-Studierende der Psychologie

Mehr als Studieren: Forschungserfahrung und fachliche Fähigkeiten in der Psychologie

Aus dem Englischen übersetzt von Anna Seemüller

Paul J. Silvia
Department of Psychology
University of North Carolina
Greensboro, NC
USA

Stuart Marcovitch
Department of Psychology
University of North Carolina
Greensboro, NC
USA

Peter F. Delaney
Department of Psychology
University of North Carolina
Greensboro, NC
USA

Aus dem Englischen übersetzt von Anna Seemüller

Übersetzung der amerikanischen Ausgabe: What Psychology Majors Could (and Should) Be Doing: An Informal Guide to Research Experience and Professional Skills von Paul J. Silvia, PhD; Peter F. Delaney, PhD; Stuart Marcovitch, PhD; erschienen bei American Psychological Association, Washington, DC, Copyright © 2009 by the American Psychological Association. All rights reserved. Except as permitted under the United States Copyright Act of 1976, no part of this publication may be reproduced or distributed in any form or by any means, including, but not limited to, the process of scanning and digitization, or stored in a database or retrieval system, without the prior written permission of the publisher. Alle Rechte vorbehalten.

Springer VS
ISBN 978-3-642-34864-8   ISBN 978-3-642-34865-5 (eBook)
DOI 10.1007/978-3-642-34865-5

Die Deutsche Nationalbibliothek verzeichnet diese Publikation in der Deutschen Nationalbibliografie; detaillierte bibliografische Daten sind im Internet über http://dnb.d-nb.de abrufbar.

© Springer-Verlag Berlin Heidelberg 2013
Das Werk einschließlich aller seiner Teile ist urheberrechtlich geschützt. Jede Verwertung, die nicht ausdrücklich vom Urheberrechtsgesetz zugelassen ist, bedarf der vorherigen Zustimmung des Verlags. Das gilt insbesondere für Vervielfältigungen, Bearbeitungen, Übersetzungen, Mikroverfilmungen und die Einspeicherung und Verarbeitung in elektronischen Systemen.

Die Wiedergabe von Gebrauchsnamen, Handelsnamen, Warenbezeichnungen usw. in diesem Werk berechtigt auch ohne besondere Kennzeichnung nicht zu der Annahme, dass solche Namen im Sinne der Warenzeichen- und Markenschutz-Gesetzgebung als frei zu betrachten wären und daher von jedermann benutzt werden dürften.

Planung und Lektorat: Marion Krämer, Stefanie Adam

Gedruckt auf säurefreiem und chlorfrei gebleichtem Papier

Springer VS ist eine Marke von Springer DE. Springer DE ist Teil der Fachverlagsgruppe Springer Science+Business Media
www.springer-vs.de

Vorwort zur amerikanischen Originalausgabe

Das Studium hat Spaß gemacht, aber wir sind froh, dass es vorbei ist. Neben den gewöhnlichen Gründen – es ist schön, unsere 50-Cent-Münzen auszugeben, anstatt sie für die Wäsche zu sammeln – haben wir unseren Abschluss in einer einfacheren Zeit für Psychologiestudierende gemacht. Es gibt mittlerweile mehr Psychologieabsolventen. Mehr als 5.000 Studierende haben im Jahr 2010 in Deutschland einen Universitätsabschluss in Psychologie erworben (Statistisches Bundesamt 2011a); Psychologie ist einer der beliebtesten Studiengänge des Landes. Es ist schwierig, genaue Zahlen zu finden, aber es studieren wahrscheinlich mehr als 20.000 Menschen Psychologie auf Bachelor (Statistisches Bundesamt 2011b) – das übersteigt das Vorstellungsvermögen. Die harte Wahrheit jedoch ist: Es gibt nicht genügend Masterstudienplätze und attraktive, fachbezogene Arbeitsplätze für jeden. Um mehr von dem Bachelorstudium der Psychologie zu profitieren und sich auf das Leben danach vorzubereiten, brauchen Sie Erfahrung in der Forschung, sollten Sie Mitglied in Fachgesellschaften und -verbänden werden und Ihre Fähigkeiten im Schreiben, Vortragen und Denken schulen. An den meisten Universitäten werden diese Dinge nicht im Rahmen des Curriculums Psychologie gelehrt – Sie werden den Vorlesungssaal verlassen und es selbst tun müssen. Wir haben dieses Buch geschrieben, um Ihnen bei diesem Start zu helfen.

Auf dem Bucheinband ist nicht genug Platz, um die Namen all derjenigen aufzuführen, die mitgeholfen haben. Linda McCarter, Emily Leonard und die tapfergeduldige Besetzung der Buchabteilung der American Psychological Association waren einfach klasse. (Wir meinen uns zu erinnern, dass die Idee zu diesem Buch eigentlich von Linda kam, aber keiner ist sich mehr ganz sicher.) Unsere Freunde an der University of North Carolina in Greensboro, die ein Psychologieinstitut mit einer lebhaften Tradition für Forschung im Bachelorstudium hat, standen uns mit vielen guten Tipps und Ratschlägen zur Seite. Schließlich haben auch viele unserer studentischen Hilfskräfte und ausgezeichneten Studenten dieses Buch gelesen; wir bedanken uns bei ihnen für ihre Vorschläge und ihren bissigen Spott.

Vorwort zur deutschen Ausgabe

Die Psychologie befindet sich im Wandel. Nicht nur die Einführung der Bachelor- und Masterstudiengänge hat das Studium in Deutschland grundlegend verändert, auch die Anforderungen der Berufswelt an Psychologieabsolventen sind andere als vor einigen Jahren.

Dieses Buch – ursprünglich für amerikanische Studierende geschrieben – möchte Sie bereits während des Studiums mit wertvollen Tipps unterstützen, wie Sie sich auf das Forscher- und/oder Berufsleben optimal vorbereiten und wichtige Erfahrungen sammeln können. Die Übersetzung des Buches orientiert sich stark an der amerikanischen Originalausgabe. Allerdings wurden Anpassungen an den deutschsprachigen Raum vorgenommen, um die Verständlichkeit zu verbessern und studien- sowie forschungsbezogene Informationen für deutsche Psychologiestudierende aufzunehmen.

Fachbegriffe werden meist in Deutsch und Englisch angegeben, da auch im deutschen Universitätsalltag viele fachliche Begriffe und Veröffentlichungen englischsprachig sind. Beispiele und humorvolle Vergleiche wurden für eine bessere Verständlichkeit teilweise an den deutschen Sprachraum angepasst. Einige Angaben zu Universitäten wurden, sofern möglich, ebenfalls an deutsche Universitäten angepasst. In wenigen Fällen mussten Angaben aufgrund eines fehlenden Äquivalents im deutschsprachigen Raum ausgelassen werden.

Textstellen mit Tipps der amerikanischen Originalausgabe, die eher weniger von Studierenden aus den deutschsprachigen Ländern genutzt werden können, wurden durch äquivalente Möglichkeiten im deutschen und europäischen Raum ersetzt oder ergänzt. So wurden zum Beispiel einige der Möglichkeiten zur Sammlung von Forschungserfahrungen angepasst (Kap. 2). Des Weiteren werden deutsche und europäische Fachgesellschaften und -verbände (Kap. 4) und wissenschaftliche Konferenzen in Deutschland und Europa vorgestellt (Kap. 4 und Kap. 8). Auch für das Schreiben von Forschungsartikeln wurden relevante Aspekte für deutsche Studierende angepasst (Kap. 7).

Im Anhang des Buches werden Literaturempfehlungen zu Studium und Forschung gegeben. Diese wurden beibehalten, da sie auch für deutsche Studierende sehr hilfreich sind, und teilweise ergänzt. Es wurde durchgehend die neueste Auflage des Publication Manual (APA 2009) zitiert. Im Literaturverzeichnis wurden neu eingeführte Quellen ergänzt und nicht übertragene Quellen entfernt. Das Sachverzeichnis wurde überarbeitet, um die Übersichtlichkeit zu erhöhen und das Finden von Einträgen zu erleichtern.

An der Übertragung dieses Buches für den deutschsprachigen Raum waren viele Engagierte beteiligt, denen an dieser Stelle herzlich gedankt sei: Cheflektorin Marion Krämer für die Planung, Lektorin Stefanie Adam für die Verlagsredaktion und Regine Zimmerschied für die Manuskriptkorrektur.

Wir wünschen allen Studierenden eine amüsante und hilfreiche Lektüre und hoffen, dass sie dieses Buch auf dem Weg bei ihrem Studium und ihrer Forschungserfahrung unterstützend begleitet.

Anna Seemüller, Übersetzerin

Inhalt

Vorwort zur amerikanischen Originalausgabe V

Vorwort zur deutschen Ausgabe VII

1 Einführung 1
   1.1   Forschung und Sie – Ja, Sie dahinten in der letzten Reihe 1
   1.2   Warum sollte ich mich in die Forschung einbringen? 3
        1.2.1 Ein Masterstudium oder Graduiertenprogramm
             absolvieren? 3
        1.2.2 Kein Masterstudium oder Graduiertenprogramm
             absolvieren? 4
   1.3   Worüber wir sprechen werden 5

2 Wie man in die Forschung einsteigt 7
   2.1   Wo kann ich mich anmelden? 8
   2.2   Wie finde ich einen Betreuer für eigenständige Studien? 9
   2.3   Was passiert, wenn Sie einen möglichen Betreuer
        gefunden haben? 11
   2.4   Wie Sie die zehn häufigsten Fehler bei der Bewerbung
        für Forschungserfahrung vermeiden 12
        2.4.1 Einem geschenkten Gaul schaut man nicht ins Maul 12
        2.4.2 Finden Sie Wege, administrative Hürden zu umgehen 13
        2.4.3 Lesen Sie die Artikel Ihres Professors vor Ihrem Treffen ... 13
        2.4.4 Eine genaue Übereinstimmung der Interessen ist
             nicht nötig 14
        2.4.5 Gehen Sie nicht davon aus, dass der erfahrenste Forscher
             der beste ist 14
        2.4.6 Schreiben Sie keine Massen-E-Mails 14
        2.4.7 Wenn Sie einmal zugestimmt haben, seien Sie engagiert 15
        2.4.8 Sprechen Sie sich mit allen Betreuern ab, wenn Sie in
             mehreren Laboren arbeiten 15

		2.4.9	Spielen Sie nicht den Unentschlossenen	16
		2.4.10	Stellen Sie geschickte Fragen	16
	2.5		Zuschüsse, Wettbewerbe und Auszeichnungen	16
	2.6		Zusammenfassung	18

3 Belohnungen und Herausforderungen des Forschens 19
    3.1 Spiele, die wissenschaftliche Hilfskräfte spielen: Erfolg am Anfang der Forschungserfahrungen 20
        3.1.1 Gemeinschaftliche Arbeit: Gut mit anderen zusammenspielen 21
        3.1.2 Experimente: Eine Übung zur professionellen Verantwortung 21
        3.1.3 Ethische Ausbildung: Abfällige Bemerkungen über Ihren moralischen Charakter vermeiden 22
        3.1.4 Routinearbeit 22
    3.2 Fortgeschrittene Forschungserfahrung: Ihre eigenen Studien 23
    3.3 Ausdauer und Belastbarkeit 24
    3.4 Fehler machen – das kommt vor 26
    3.5 Zusammenfassung 26

4 Vergnügen am Lebensstil der Psychologie 27
    4.1 Werden Sie Mitglied in studentischen und nationalen Organisationen 28
    4.2 Nehmen Sie an Veranstaltungen der Universität teil 29
    4.3 Bauen Sie sich eine eigene Fachbuchsammlung auf 30
    4.4 Besuchen Sie Konferenzen 31
    4.5 Belegen Sie nützliche Kurse anderer Fachbereiche 32
    4.6 Zusammenfassung 33

5 Menschen und Daten analysieren: Wie man mehr von der Statistik hat 35
    5.1 Die fünf Gebote des Statistiklernens 36
        5.1.1 Erstes Gebot: „Du sollst das Buch lesen, den Kurs besuchen und viele Aufgaben lösen" 36
        5.1.2 Zweites Gebot: „Du sollst mit anderen zusammen lernen" 37
        5.1.3 Drittes Gebot: „Du sollst keine Rechenformeln verwenden" 38
        5.1.4 Viertes Gebot: „Arbeitgeber werden eine statistische Ausbildung schätzen" 39
        5.1.5 Fünftes Gebot: „Du sollst Dein statistisches Wissen im täglichen Leben anwenden" 40
    5.2 Furchtlose Hilfsmittel für die furchterregten Statistikstudenten 40
    5.3 Zusammenfassung 41

6	**Primärquellen: Wie man Zeitschriftenartikel finden, lesen und verstehen kann**	**43**
6.1	Bibliothekare und Bibliotheken	44
6.2	Zeitschriftenartikel finden mit PsycINFO	45
6.3	In der Zeit vor und zurück gehen: Recherche nach zitierter Literatur	46
6.4	Frei, aber fehlerhaft: Webbasierte Hilfsmittel	47
6.5	Welcher Artikel eignet sich am besten zum Lesen?	47
6.6	Informationsgewinnung ohne Qual: Wie man einen Artikel liest	48
6.7	Zusammenfassung	49
7	**Forschungsartikel schreiben**	**51**
7.1	Warum schreiben Psychologen Forschungsartikel?	51
7.2	APA-Stil und die Forscher, die ihn lieben	52
7.3	Quellen auswählen	53
	7.3.1 Gute Quellen	53
	7.3.2 Schlechte Quellen	54
7.4	Abschnitte eines Forschungsartikels	55
	7.4.1 Einleitung *(Introduction)*	56
	7.4.2 Methode *(Method)*	57
	7.4.3 Ergebnisse *(Results)*	57
	7.4.4 Diskussion *(Discussion)*	58
	7.4.5 Literatur *(References)*	59
	7.4.6 Das ruhmlose Ende: Tabellen *(Tables)*, Abbildungen *(Figures)* und Fußnoten *(Footnotes)*	59
7.5	Ton, Zweck und Sprachstil	59
7.6	Für die Veröffentlichung schreiben	61
7.7	Hilfe finden	63
7.8	Zusammenfassung	64
8	**Teilnahme an wissenschaftlichen Konferenzen: Richtige Umgangsformen für den Denkrausch**	**65**
8.1	Ein Überblick über den Denkrausch	65
8.2	Konferenzfakten	66
8.3	Was machen Menschen auf Konferenzen?	68
	8.3.1 Vorträgen zuhören	68
	8.3.2 Postersessions besuchen	69
	8.3.3 An Workshops und angewandten Vorträgen teilnehmen	70
	8.3.4 Aussteller besuchen und Bücher kaufen	70
	8.3.5 Kontakte knüpfen und freie Zeit verbringen	71
8.4	Konferenzregeln und -umgangsformen	71
	8.4.1 Kleidung	72
	8.4.2 Umgangsformen und Normen	72
8.5	Konferenzkosten	73
8.6	Zusammenfassung	73

9 Präsentation eines Forschungsposters: Wie man die Schwierigkeiten der visuellen Darstellung überwindet 75
- 9.1 Fakten über Forschungsposter 75
- 9.2 Poster gestalten 76
  - 9.2.1 Großes Blatt oder kleine Blätter? 77
  - 9.2.2 Auffällig oder standardmäßig? 77
  - 9.2.3 Schriftarten und Layout 78
  - 9.2.4 Titel 78
  - 9.2.5 Autoren und Zugehörigkeit 79
  - 9.2.6 Einleitung 79
  - 9.2.7 Methode 79
  - 9.2.8 Ergebnisse 80
  - 9.2.9 Diskussion 80
  - 9.2.10 Literatur 80
  - 9.2.11 Das Handout 80
- 9.3 Poster präsentieren 81
- 9.4 Betrachten der Poster anderer Forscher 82
- 9.5 Zusammenfassung 82

10 Präsentation eines wissenschaftlichen Vortrags: Wie man seine zwölf Minuten Ruhm überlebt 85
- 10.1 Der 15-Minuten-Konferenzvortrag 85
- 10.2 Vortrag vorbereiten 86
  - 10.2.1 Das A und O 86
  - 10.2.2 Foliendesign 87
  - 10.2.3 Die erste Folie 88
  - 10.2.4 Einleitung 89
  - 10.2.5 Methode 89
  - 10.2.6 Ergebnisse 90
  - 10.2.7 Diskussion 90
  - 10.2.8 Fragen 90
- 10.3 Sind Sie schon nervös? 91
- 10.4 Präsentation Ihres Vortrags 93
- 10.5 Richtiges Zuhören 93
- 10.6 Zusammenfassung 94

11 Nachwort 95

Anhang 97

Literatur 99

Sachverzeichnis 101

Über die Autoren

Paul J. Silvia, PhD, ist Sozialpsychologe an der University of North Carolina in Greensboro. Er war am Fachbereich Direktor des Honors Program (Förderprogramm für Studierende mit ausgezeichneten Leistungen) und hält Bachelorkurse in akademischem Schreiben und fachlichen Fähigkeiten. Seine bisherigen Bücher umfassen *How to Write a Lot: A Practical Guide to Productive Academic Writing* (2007) und *Exploring the Psychology of Interest* (2006).

Peter F. Delaney, PhD, ist Kognitionspsychologe an der University of North Carolina in Greensboro. Er hat zahlreiche Preise für seine Lehre erhalten, Tausende von Studenten unterrichtet und betreibt Laboruntersuchungen zum menschlichen Gedächtnis und Problemlösen. Außerdem spricht er Armenisch.

Stuart Marcovitch, PhD, erforscht Kognitive Entwicklung an der University of North Carolina in Greensboro. Er ist Ansprechpartner des Fachbereichs für Psi Chi – die nationale *Honors Society in Psychology* der USA (Psychologische Gesellschaft für Studierende mit ausgezeichneten Leistungen) – und ist daran beteiligt, das Bachelorcurriculum kontinuierlich zu verbessern. Wenn er gefragt wird, kann er stundenlang erklären, warum *Batting Averages* (Schlagdurchschnitt eines Spielers beim Baseball) eigentlich keine Statistik sind.

Kapitel 1
Einführung

Die meisten Psychologiestudenten werden zugeben, dass das Psychologiestudium nicht das war, was sie sich vorgestellt hatten. Geben Sie es zu – vor Ihrem Bachelorstudium haben Sie wahrscheinlich gedacht, dass Psychologie etwas mit der Analyse Ihrer Träume, der Erforschung Ihrer frühen Kindheit oder der Enthüllung unergründlicher Persönlichkeitsfacetten, die eigentlich unentdeckt bleiben sollten, zu tun hat. Viele Studenten sind überrascht, wenn sie auf die Psychologie an der Universität treffen. Richtige Psychologie ist weitreichend und tiefgründig, wissenschaftlich und statistisch. Sie ist formaler und spezieller, als Erstsemesterstudenten erwarten. Anstelle von Jungs Archetypen haben wir Piagets Stufen. Statt der Traumanalysen haben wir die Varianzanalyse.

Die überraschendste Eigenschaft der richtigen Psychologie ist ihr Forschungsschwerpunkt. Ihre Professoren fordern stets „Erforschen Sie dies" und „Erforschen Sie das". Sie belegen Kurse in Statistik und Forschungsmethoden, in denen Sie Traditionsthemen wie Haupteffekte versus Interaktionen und Innersubjektdesigns versus Zwischensubjektdesigns begegnen. Ihre Freunde wünschen sich, Sie würden aufhören, die ganze Zeit „Verhalten" und „kognitiv" zu sagen. Sobald Sie sich dabei ertappen, eine Frage mit „Das ist eine gute Frage – dazu gibt es vermutlich Forschung" zu beantworten, wissen Sie, dass Ihnen Psychologie in Fleisch und Blut übergegangen ist.

1.1 Forschung und Sie – Ja, Sie dahinten in der letzten Reihe

Wer macht diese ganze Forschung? Das Klischee eines Forschers in der Psychologie mag nicht so abwegig sein, insbesondere wenn Sie sich blasse, entmutigte Masterstudenten und Doktoranden vorstellen, die in fensterlosen Büros arbeiten und beim Anblick der Sonne zusammenzucken. Aber (Bachelor-)Studierende bilden die größte Gruppe derjenigen, die in den Forschungszweigen arbeiten. Die Psychologie hat in den letzten 20 Jahren einen Wandel hin zur studentischen Forschung erlebt; (Bachelor-)Studierende sind mehr in die Forschung eingebunden als jemals zuvor.

In einer anderen Zeit – einer unschuldigeren, sepiafarbenen Zeit – waren Veranstaltungen wie Statistik und Forschungsmethoden freiwillig. Heute verlangt nahezu jeder Psychologiefachbereich von seinen Studenten, diese Kurse zu besuchen, und die meisten Fachbereiche haben zusätzliche Möglichkeiten geschaffen, praktische Forschungserfahrung zu sammeln. In der Vergangenheit war es ungewöhnlich, dass Studenten an wissenschaftlichen Konferenzen teilgenommen, geschweige denn Forschungsergebnisse vorgestellt haben. Heutzutage machen Studenten auf vielen Konferenzen den größten Teil der Teilnehmer aus.

Warum werden (Bachelor-)Studierende auf diese Weise in die Forschung eingebunden und warum fördern die Fachbereiche studentische Forschungserfahrung? Und warum haben wir dieses Buch darüber geschrieben? Erstens ist Forschungserfahrung der beste Weg, einen praktischen, direkten Einblick zu erhalten, wie Psychologie funktioniert. Die typische Erfahrung der Studenten in den ersten Jahren an der Universität ist, dass sie Forschung indirekt erleben: Sie hören von ihr in ihren Vorlesungen und Seminaren und lesen von ihr in ihren Lehrbüchern, machen sie aber nicht selbst. Passives, losgelöstes Lernen ist gut – viele Menschen genießen es, in Vorlesungen zu sitzen und 100 € teure Bücher voller langweiliger Fotografien zu lesen –, aber Sie werden der Psychologie mehr abgewinnen, wenn Sie sich einbringen.

Zweitens ist Forschungserfahrung eine großartige Gelegenheit, *fachliche Fähigkeiten* aufzubauen, die erforderlichen, praxisnahen Qualifikationen, um in der Arbeitswelt erfolgreich zu sein. Sie brauchen diese Fähigkeiten. So schwierig die Universität auch sein mag, die Welt nach der Universität – die sogenannte *wirkliche Welt* – ist noch weit schlimmer. Sie werden einer Welt begegnen, in der die meisten Menschen nicht in ihren frühen Zwanzigern sind; Sie werden Menschen ohne E-Mail-Postfach treffen und auf Menschen stoßen, die keine Bücher lesen; Sie werden verstehen, was gemeint ist, wenn sich Personen über *den Menschen* und *das System* beschweren. Ihre Jahre an der Universität sind Ihre einzige Chance, die notwendigen Fertigkeiten für den Erfolg in dieser grausamen, wirklichen Welt auszubilden. Beispielsweise spielt für die meisten Arbeitsstellen, die Sie haben möchten, öffentliches Sprechen oder fachliches Schreiben in irgendeiner Form eine wichtige Rolle: Sie werden mit Kunden, potentiellen Kunden, Geschäftsführern und Vorgesetzten sprechen und ihnen schreiben, die Sie alle danach beurteilen werden, wie gut Sie sich schlagen. Der typische Student jedoch fürchtet sich vor öffentlichem Vortragen und schreibt wie ein schwerfälliger Mönch mit einem Kater von der letzten Nacht. Sind Sie vorbereitet? Können Sie mit den Studenten mithalten, die in Vortragen und Schreiben geübt sind?

Und drittens ist das Erlernen von Forschung und fachlichen Fähigkeiten eine Möglichkeit, die Initiative für Ihre Bildung zu übernehmen und über das Minimum hinauszugehen. Die meisten Bachelorstudenten in Psychologie gehen in ihre Vorlesungen, bewältigen den Großteil des Lesestoffs und bekommen ansehnliche Noten. Die Vorlesungen besuchen, den Lesestoff bewältigen und Lernen sind das bloße Minimum dessen, was Sie tun können. Wenn Sie an jeder Vorlesung teilnehmen und hervorragende Noten erhalten, dann gratulieren wir Ihnen – Sie sind im bloßen Minimum überragend. Sie tun das, was Zehntausende Psychologiestudenten tun. (Wenn Sie sich durch Ihre Nachmittagskurse schlafen, so ist das bedauerlich – Sie machen weniger als das Minimum.) Masterstudiengänge, Graduiertenprogramme und Arbeitgeber möchten Menschen, die mehr machen, als nur pünktlich im Vorlesungssaal zu erscheinen: Sie möchten Menschen, die Verantwortung für ihre berufliche Entwicklung übernommen und sich entschieden haben, mehr zu lernen, als sie mussten. Sie möchten als Bewerber sicherlich nicht gefragt werden: „Was haben Sie an der Universität neben Ihren Vorlesungen noch gemacht?"

1.2 Warum sollte ich mich in die Forschung einbringen?

Alle Bachelor-Studierenden könnten von Forschungserfahrung in erheblichem Maße profitieren. Forschungs- und fachliche Fähigkeiten sind für die Studierenden, die mit einem Masterstudium oder Graduiertenprogramm weitermachen wollen ebenso wichtig wie für diejenigen, denen bei dem Gedanken an noch mehr Studium schlecht wird und die lieber arbeiten möchten. Jetzt kommt, warum.

1.2.1 Ein Masterstudium oder Graduiertenprogramm absolvieren?

Ein Masterstudium oder ein Graduiertenprogramm ist schwierig, aber es wird Sie lehren, die einfachen Freuden des Lebens zu schätzen: eine gute Tasse Kaffee, einen interessanten Bericht im Deutschlandradio, einen Kuschelabend mit dem Frettchen und währenddessen die Wiederholungen von *Six Feet Under* schauen. Sie haben eine Menge, worauf Sie sich freuen können, aber zunächst müssen Sie angenommen werden – die Masterstudiengänge oder Graduiertenprogramme sind so kompetitiv, wie Sie es gehört haben. Was werden Sie machen, um hervorzustechen? Was werden Ihre Professoren zu berichten haben, wenn sie ein Empfehlungsschreiben verfassen? Woher wissen Sie, dass Sie das Masterstudium oder das Graduiertenprogramm mögen werden? Wissen Sie, welchen Bereich der Psychologie Sie weiter studieren möchten?

Die meisten Bewerber für ein Masterstudium oder ein Graduiertenprogramm haben etwas Forschungserfahrung, und manche Bewerber haben eine Menge. Sie werden mit Studenten konkurrieren, die eine Bachelorarbeit mit Auszeichnung geschrieben, für mehrere Jahre in einem Forschungslabor gearbeitet und Poster auf Konferenzen präsentiert haben. Diese Studenten sind Ihre Konkurrenz. Wenn Sie über keine Forschungserfahrung verfügen, haben Sie weniger Chancen. Überzeugende Forschungsqualifikation kann andere Schwächen ausgleichen – zum Beispiel eine schlechte Note in einer Bachelorprüfung oder ein verlorenes Semester als Innenarchitekturstudent – und Universitäten zeigen, dass Sie Forschung genug mögen, um Ihre Ausbildung darin fortzusetzen.

Außer dass Forschungserfahrung Sie konkurrenzfähiger macht, wird sie Ihnen auch zeigen, ob Sie an der Forschung Gefallen finden. Das Masterstudium und ein Graduiertenprogramm bestehen hauptsächlich aus Forschung. Masterstudenten oder Doktoranden, die keine Forschung mögen, sind wie Zahnärzte, die Zahnfleisch nicht mögen, oder wie Bestatter, die verwesende Körper ablehnen: Die gibt es, aber sie neigen dazu, sich zu unangemessenen Zeitpunkten öffentlich zu beklagen. Einige Semester in der Forschung zu arbeiten und an ein paar Konferenzen teilzunehmen, wird Ihnen helfen, sich zu entscheiden. Die meisten Studenten sind, wenn sie sich erst einmal damit beschäftigt haben, von der Forschung und dem Masterstudium oder der Promotion begeistert, aber einige stellen fest, dass ein Masterstudium oder eine Promotion nichts für sie ist: Sie haben bessere Dinge, über die sie sich beklagen können.

1.2.2 Kein Masterstudium oder Graduiertenprogramm absolvieren?

Die meisten Bachelorstudenten in Psychologie machen nicht mit einem Masterstudium oder einer Promotion weiter – und das ist gut so. Ein Masterstudium und/oder eine Promotion ist nicht für jeden geeignet, und Sie können mit einem Bachelorabschluss in Psychologie mehr anfangen, als Sie denken. Aber wir möchten mit Ihnen ein überraschendes Geheimnis teilen: Wenn Sie kein Masterstudium und keine Promotion planen, ist Forschungserfahrung für Sie noch viel wichtiger als für Studenten, die dieses Ziel haben, denn für sie ist nahezu jede Forschungserfahrung ausreichend: Sie müssen lediglich zeigen, dass sie es versucht haben, es ihnen gefallen hat und sie gut genug gearbeitet haben, um ein Empfehlungsschreiben von ihrem Forschungsbetreuer zu erhalten. Zudem haben sie viele Jahre des Masterstudiums und der Promotion, um ihre fachlichen Fähigkeiten aufzubauen und zu vervollständigen. Streben Sie hingegen direkt eine berufliche Karriere an, so haben Sie nur die verbleibenden Semester an der Universität, um die Fähigkeiten zu erlernen, die Sie zum Erfolg auf dem Arbeitsmarkt und in der beruflichen Welt benötigen.

Warum brauchen Sie Forschungserfahrung? Die Konkurrenz zwischen Menschen mit einem Bachelorabschluss in Psychologie ist hart und unerbittlich. Wir, Ihre tapferen Autoren, leben in der Mitte von North Carolina – ein gebildeter Ort mit mehr als zehn Colleges und Universitäten in einem Radius von 60 Minuten Fahrzeit. Was denken Sie, wie viele Menschen jedes Jahr einen Bachelorabschluss in Psychologie absolvieren? Wie viele sehen sich dann nach einer Arbeitsstelle in der Gegend um? Sicherlich die meisten von ihnen. Einige nehmen ihr Abschlusszeugnis unter den Arm und wandern nach Slowenien aus. Gibt es genügend gute Arbeitsstellen für jeden von ihnen? Wie sieht es in der Gegend aus, in der Sie leben? Wie viele Universitäten gibt es in Ihrer Region, und wie viele Menschen machen an Ihrer Universität einen Abschluss in Psychologie? Diese Menschen sind die Konkurrenz: Sie werden sie auf Jobmessen und in den Warteräumen der Arbeitgeber treffen, gut angezogen und auf ihr Bewerbungsgespräch wartend.

Psychologie ist einer der beliebtesten Studiengänge, auch in Deutschland: Mehr als 1500 Studierende haben 2010 ihren Bachelorabschluss in Psychologie gemacht, und bereits mehr als 20.000 waren im WS 2010/11 als Bachelor-Studierende eingeschrieben (Statistisches Bundesamt 2011a, b). Das sind eine Menge Menschen, die nach Arbeitsplätzen suchen. Was werden Sie tun, um mit ihnen konkurrieren zu können? Was macht Sie aus Sicht des Arbeitgebers zu einem überzeugenderen Bewerber? Arbeitgeber interessieren sich nicht dafür, dass Sie zu den Vorlesungen gegangen sind und gute Noten bekommen haben. Arbeitgeber erwarten das von Ihnen, und sie haben reichlich Bewerber, die die minimalen Anforderungen exzellent erfüllen. Sie möchten Menschen einstellen, die über das Minimum der Anforderungen hinausgegangen sind; Menschen, die sich Kenntnisse angeeignet haben, Initiative gezeigt haben und mit Experten kommunizieren können.

Forschungserfahrung wird Ihnen zwei Vorteile bieten. Erstens wird die bloße Tatsache, dass Sie Initiative gezeigt haben, Ihrem Arbeitgeber signalisieren, dass Sie kein Mitarbeiter sein werden, der nur die minimalen Anforderungen erfüllen will. Arbeitgeber stellen eher jemanden mit guten Noten ein, der sich engagiert, als jemanden mit lediglich sehr guten Noten. Zweitens wird Ihnen Forschungserfahrung helfen, nützliche und attraktive Fähigkeiten zu entwickeln. Arbeitgeber stellen Menschen nicht ein, damit sie Lehrbücher lesen und Prüfungen schreiben. Sie möchten Menschen, die Erfahrung im öffentlichen Vortragen, statistischen Denken, Schreiben, Arbeiten in der Gruppe und Lernen neuer Dinge haben.

1.3 Worüber wir sprechen werden

Dieses Buch ist ein praktisches Handbuch für Studenten, die sich auf die Wissenschaft Psychologie einlassen möchten. Ihre Zeit an der Universität ist kurz, und es ist nie zu früh, mit dem Aufbau nützlicher Fähigkeiten zu beginnen, die sie auf das Masterstudium, die Promotion oder die Arbeitswelt vorbereiten. Bis jetzt hat es niemand bereut, sich zu aktiv für praktische Erfahrung eingesetzt zu haben. Lassen Sie uns also anfangen.

Zu Beginn zeigen wir Ihnen, wie Sie sich in der Forschung einbringen und wie Sie eine Menge mitnehmen können. Kapitel 2 beschreibt, wie Sie in die Forschung einsteigen, wie Sie Forschungsmöglichkeiten entdecken können und wie Sie einen Betreuer finden. In Kap. 3 werfen wir einen Blick auf die Belohnungen und Herausforderungen der Forschungserfahrung – beschönigende Worte für die *vergnüglichen Teile* und die *qualvollen, aber wichtigen Teile*. Wenn Ihre Füße erst einmal im stinkenden Wasser der Wissenschaft nass geworden sind, können Sie sich den Lebensstil der Psychologie aneignen. Kapitel 4 deckt die versteckten Lernmöglichkeiten außerhalb des Vorlesungssaals auf, wie etwa Universitätsgruppen und nationale Organisationen, die es Ihnen erlauben, gleich gesinnte Psychologiestudenten zu treffen.

Die nachfolgenden Kapitel greifen die Hauptkenntnisse auf, die Sie brauchen, um die nächste Stufe Ihres wissenschaftlichen Trainings zu erreichen – die nächste

Stufe nach unten und dann leicht zur Seite. In Kap. 5 sprechen wir das gefürchtete Feld der Statistik an. Sie sind aus gutem Grund Psychologiestudent – für viele Studenten ist das relative Fehlen von Mathematik dieser Grund. Aber Sie brauchen solide Statistikkenntnisse, wenn Sie sich in die Forschung einbringen möchten. Kapitel 6 beschreibt, wie Sie trockene, verwirrende Forschungsartikel, mit denen die Forschungszeitschriften der Psychologie gefüllt sind, finden, lesen und verstehen können. Anschließend zeigen wir Ihnen in Kap. 7, wie man einen dieser trockenen und verwirrenden Artikel selbst schreibt. Zum ersten Mal eine Abschlussarbeit, einen Forschungsartikel oder einen Forschungsantrag zu schreiben, ist schwer; wir geben Ihnen einige praktische Ratschläge, wie Sie es gut machen können.

Die letzten drei Kapitel beschäftigen sich mit der düsteren Welt wissenschaftlicher Konferenzen. Auf diesen Konferenzen präsentieren Psychologen sich gegenseitig ihre Forschung. Bachelorstudenten sind eingeladen teilzunehmen, Kontakte zu knüpfen, über Ihre Professoren zu klatschen und Forschung zu präsentieren – und das sollten Sie tun. Aber Konferenzen wirken auf Studenten befremdlich: Die meisten Studenten können sich nicht vorstellen, was auf sie zukommt, bevor sie nicht ihre erste Konferenz besucht haben. Kapitel 8 gibt Ihnen deshalb einen Crashkurs in Standards, Regeln und Umgangsformen auf Konferenzen. Sollten Sie ein Poster auf einer Konferenz vorstellen, so erhalten Sie in Kap. 9 einige Hinweise, wie Sie ein gutes Poster gestalten und wie Sie es präsentieren. Vielleicht müssen Sie auch einen wissenschaftlichen Vortrag halten; Kap. 10 enthält Tipps zum Umgang mit Lampenfieber, zum Design einer guten PowerPoint-Präsentation und wie Sie Ihr Publikum beim Vortrag mitreißen.

Das Nachwort bietet abschließend eine Zusammenfassung des Buches und entlässt Sie in die wilde Welt der psychologischen Wissenschaft. Packen Sie eine Taschenlampe und Kleidung zum Wechseln ein – nur für alle Fälle.

Kapitel 2
Wie man in die Forschung einsteigt

Das schlechteste Filmgenre – schlechter als romantische Komödien – ist das Genre „Motivierender Lehrmeister". Bis jetzt hat Hollywood noch keine Version für die Psychologie produziert: Eine sorgenvolle Studentin schleicht im hinteren Teil eines riesigen Hörsaals herum, und ihr revolutionäres, wissenschaftliches Genie zieht die Aufmerksamkeit eines engagierten und mitfühlenden Professors auf sich. Der Professor macht ihr das Angebot, ein äußerst wichtiges, theoretisches Problem zu lösen, was die durch ihre persönlichen Dämonen getriebene Studentin jedoch ablehnt. Daraufhin spürt der heldenhafte Professor sie auf und hilft ihr, die bösen Geister zu vertreiben. Währenddessen stimmt die Studentin widerstrebend zu, eine hoch bezahlte Position als wissenschaftliche Hilfskraft, ein Eckbüro und ein Empfehlungsschreiben anzunehmen. Die Studentin macht weiter und gewinnt den Förderpreis der Internationalen Gesellschaft für Hypnotherapie. Anschließend folgt ein Happy End – natürlich mit stehenden, applaudierenden Zuschauern.

Der Einstieg in die Forschung ist jedoch nicht wie ein Film – oder zumindest nicht wie diese Art von Film. Erstens wird es wahrscheinlich Ihre Aufgabe sein, einen Betreuer zu finden und ihn zu überzeugen, mit Ihnen zu arbeiten – und nicht umgekehrt. Gute Dinge kommen zu denen, die dafür sorgen, dass sie geschehen, nicht zu denen, die warten. Zweitens sollten Sie Ihre Erwartungen auf ein Eckbüro zurückschrauben, denn es gibt wenige bezahlte Stellen als wissenschaftliche Hilfskraft, die ein Eckbüro mit sich bringen. Es gibt nicht einmal viele bezahlte wissenschaftliche Stellen, die eine gemeinsame Arbeitsnische im muffigen Untergeschoss beinhalten. Eine typische Universität besitzt eine Menge sehr guter Studierender, und die seltenen bezahlten Stellen gehen an Studierende, die bereits Forschungserfahrung gesammelt haben.

In diesem Kapitel beschreiben wir, wie Sie einen Betreuer finden, erfolgreich durch das Interview steuern und in der Forschung beginnen. Sie werden bald feststellen, dass die Forschungsabläufe nicht denen aus Hollywood-Filmen gleichen, obwohl sie einige Ähnlichkeiten mit Kung-Fu-Filmen aufweisen – daher der kampferprobte Blick der Master-Studierenden und Doktoranden. Glücklicherweise erwartet den Studierenden, der auch im Angesicht vieler harter Proben nicht locker lässt, ein Happy End – wie in den meisten Kung-Fu-Filmen.

2.1 Wo kann ich mich anmelden?

Forschungserfahrungen reichen von der Elektrodenimplantation in die Köpfe transgener Tauben bis hin zur Entwicklung einer Laborsimulation des Lebens auf einem Piratenschiff, aber sie haben alle eines gemeinsam: den *Forschungsbetreuer*. Wie ein Kung-Fu-Meister gibt der Betreuer Ratschläge, liefert kryptische Antworten auf Fragen und bildet wichtige Fähigkeiten aus. Ein Betreuer empfiehlt ebenfalls das Lesen alter Manuskripte der Weisheit – bekannt als Zeitschriftenartikel. Obwohl die Manuskripte üblicherweise nicht auf Chinesisch geschrieben sind, so sind sie für den Nichtmuttersprachler oftmals in gleichem Maße unverständlich.

Der erste Schritt, um Forschungserfahrung zu erwerben, ist demnach, einen dieser Betreuer zu finden. Eine einfache Möglichkeit besteht in der Teilnahme an einem Seminar oder einem Praktikum zu Forschungsmethoden oder empirisch-experimenteller Psychologie. Sie liefern den Forschungsbetreuer in Form des Dozenten gleich mit. In diesen Kursen werden Forschungsfertigkeiten gelehrt, und oft beinhalten sie die Übernahme eines Forschungsprojekts – manchmal mit einer Gruppe anderer Studenten –, das Sie planen, durchführen, auswerten, beschreiben und präsentieren. Wenn Sie einen Forschungsbericht in einem Forschungsmethoden- oder Laborkurs schreiben, bewahren Sie ihn auf. Sie können einem potentiellen Betreuer zeigen, dass Sie das Zeug dazu haben zu forschen.

Für eine tiefergehende Forschungserfahrung ist eine eigenständige Studie in irgendeiner Form der übliche Weg. Die meisten Psychologieprofessoren forschen und möchten aufgeweckte, motivierte Studenten wie Sie als Mitarbeiter im Labor. Große Forschungsuniversitäten erwarten, dass ihre Professoren regelmäßig Artikel veröffentlichen. Dies führt dazu, dass Professoren an großen Universitäten normalerweise Labore haben, die mit wuselnden Horden wissenschaftlicher Assistenten bevölkert sind. Kleinere Universitäten haben möglicherweise keinen eigenen Raum für Forschung jedes einzelnen Fachbereichmitglieds, und die Professoren übernehmen einen größeren Anteil der Lehre als an größeren Universitäten. Aber Professoren werden Ihnen an kleineren Universitäten oftmals mehr Aufmerksamkeit schenken – dort sind es weniger Studenten pro Professor. So oder so sammeln Sie durch eigenständige Studien mehr Erfahrung, und diese zählt in der Regel für Ihren Psychologieabschluss.

Ein guter erster Schritt ist es herauszufinden, wie Ihre Universität Forschungserfahrung während des Bachelorstudiums unterstützt. Erkundigen Sie sich im Fachbereichssekretariat, besuchen Sie Ihren Studienberater und durchsuchen Sie das Vorlesungsverzeichnis nach Kursen, die Ihnen Leistungspunkte für Forschungsprojekte geben. Dies sind gewöhnlich Kurse mit Namen wie „Empirisch-experimentelles Praktikum" oder „Empirisches Projektseminar". Meistens können Sie sich nicht telefonisch oder im Internet anmelden wie für das Seminar zu „Neo-Freudianischen Konzepten des Selbst". Sie benötigen möglicherweise das Einverständnis des Dozenten, um sich anzumelden, das heißt, Sie müssen herausfinden, wer der Dozent sein wird. Deshalb sollten Sie darüber nachdenken, wie Sie Ihren Forschungsbetreuer auswählen.

2.2 Wie finde ich einen Betreuer für eigenständige Studien?

Sie werden auf potentielle Forschungsbetreuer zugehen müssen, nicht umgekehrt. Die Idee, mit Professoren aus einem anderen Grund zu sprechen, als zusätzliche Leistungspunkte zu erhalten, mag für einige Studierende am Rande des Wahnsinns liegen. Immerhin machen Professoren manchmal den Eindruck, als würden sie sich in ihrer freien Zeit gerne damit beglücken, Vögeln die Flügel zu entfernen und Streifenhörnchen zu quälen. Mancher Professor erscheint so seltsam, dass allein der Besuch seines Büros dauerhafte Schäden nach sich ziehen kann. Aber wenn Sie erst einmal Ihre Professoren kennenlernen, werden Sie feststellen, dass die meisten nicht so gemein sind, wie sie vorgeben zu sein; einige von ihnen sind sogar interessante Menschen mit überraschend angesagten Hobbys wie Klettern, Sammeln von 90er-Jahre-Rockmusik oder Bauen von Wikinger-Langschiffen aus Holzstöcken in ihrer Garage.

Wie finden Sie einen guten Betreuer für eigenständige Studien? Eine Möglichkeit ist, über Ihr Karriereziel nachzudenken. Wenn Sie beispielsweise darüber nachdenken, ein kognitiver Neurowissenschaftler zu werden, dann möchten Sie wahrscheinlich jemanden auswählen, der Kognition oder Biologische Psychologie erforscht. Wenn Sie weit genug fortgeschritten sind, um bereits ein bestimmtes Forschungsthema im Kopf zu haben – Psychopathologie gewalttätiger Kinder, Expertise im Ballonfahren oder was auch immer Ihnen einfällt –, fragen Sie in Ihrem Fachbereich, wer an einem Problem arbeitet, das zumindest lose mit Ihrem gewünschten Thema zusammenhängt.

Wenn niemand die Art von Forschung macht, die Sie interessiert, ist es ebenfalls in Ordnung, mit jemandem in einem Bereich zu arbeiten, der Sie ursprünglich gar nicht gereizt hat. Studierende mögen einen Forschungsbereich häufig erst, nachdem sie ihn besser verstehen. Zum Beispiel war eine unserer wissenschaftlichen Hilfskräfte zunächst daran interessiert „homosexuelle, lesbische, bisexuelle und transsexuelle Personen, die AIDS bewältigen" zu untersuchen, erforschte aber letztendlich ziemlich zufrieden in Experimenten, wie Menschen Puzzle lösen. Forschung ist Forschung, und einige der Fähigkeiten, die Sie lernen, können Sie in jeder zukünftigen Forschungsrichtung anwenden.

Wenn Sie nicht genau wissen, woran Sie interessiert sind, oder wenn niemand diesen Bereich zu untersuchen scheint, können Sie einfach bei einigen möglichen Betreuern vorbeigehen. Denken Sie an die Psychologiekurse zurück, die Sie interessiert haben, und besuchen Sie die Dozenten dieser Kurse. Sie können auch Ihre Psychologie-Einführungsbücher entstauben; in jedem der Kapitel ist ein Teilgebiet der Psychologie dargestellt, und wenn Ihnen eines der Kapitel gefallen hat, können Sie nach jemandem suchen, der auf diesem Gebiet arbeitet. Alternativ können Sie auch eine Liste der Mitglieder des Fachbereichs erstellen, die aufgeschlossen erscheinen. Finden Sie heraus, wann ihre Sprechzeiten sind, und gehen Sie vorbei, um zu fragen, ob sie eine wissenschaftliche Hilfskraft suchen. Einige Psychologiefachbereiche führen eine Liste mit Mitarbeitern, die Betreuung von Forschungserfahrung anbieten. Fragen Sie im Sekretariat des Psychologiefachbereichs nach, ob es eine solche Liste gibt. Sie finden vielleicht auch Aushänge an den Wänden des Fachbereichs, die Werbung für bestimmte Forschungslabore machen. Es lohnt sich, das Schwarze Brett im Psychologieinstitut anzusehen, ob etwas dabei ist. Die Fachschaft kann Ihnen möglicherweise ebenfalls einen Hinweis in die richtige Richtung geben. Sie können der Fachschaft oder einer Gruppe von Psychologiestudierenden selbst beitreten, die Sie vernetzen und zu jemandem führen können, der Bachelor-Studierende in seinem Labor sucht. (Mehr zu Fachschaften und Organisationen in der Psychologie finden Sie in Kap. 4.)

Sie können sich auch außerhalb des Fachbereichs Psychologie umsehen. Eine Kuriosität der modernen Universität ist, dass Psychologen häufig Stellen in anderen Fachbereichen besetzen. Wenn Sie im Psychologiefachbereich nicht das finden, was Sie möchten, informieren Sie sich, ob es andere Studienprogramme im Bereich Therapie oder Beratung an Ihrer Universität gibt. Andere verwandte Disziplinen, in denen Psychologen mitarbeiten können, umfassen Kommunikation, Marketing, menschliche Entwicklung, Bildung, Gesundheit, Training, Sportwissenschaften, Pflege, Familienstudien, Biologie, Gerontologie, Linguistik und Medizin. Diese Bereiche können an Ihrer Universität anders heißen, aber einige von ihnen haben Forscher, die vielleicht bereit sind, Sie zu betreuen.

Ihre Suche nach Forschungserfahrung kann Sie in exotische, fremde Länder führen. Programme für Auslandsstudien können Sie für ein Semester an eine Partneruniversität in ein anderes Land vermitteln – länger, wenn Sie wegen internationaler Spionage verhaftet werden. Sehen Sie sich die Homepage der Partneruniversität an, um herauszufinden, ob Sie dort bei einem fremden Professor Forschungserfahrung sammeln können. Vielleicht hat die Royal Naval Academy von Lesotho einen forschungsorientierten Psychologiefachbereich. Wenn dies der Fall ist, dann schreiben Sie dem entsprechenden Professor eine E-Mail, in der Sie Ihr Interesse zeigen, ein Semester lang mitzuarbeiten, um Forschungserfahrung zu sammeln. Wenn Sie sich für diesen Weg entscheiden, behalten Sie die Tipps für Interviews weiter hinten in diesem Kapitel im Kopf – Sie haben vielleicht ein Telefoninterview mit einem potentiellen Betreuer.

Ein anderer Weg, einen Betreuer zu finden, ist, das Internet nach einer Forschungsmöglichkeit für den Sommer zu durchsuchen. Die European Federation of Psychology Students' Associations (EFPSA) – eine übergeordnete Organisation, die nationale Studierendenorganisationen europäischer Länder vereinigt – bietet ein Young Researcher Programme an (YRP). Im Rahmen dieses einjährigen Forschungsprogramms für Bachelor- und Master-Studierende wird in Kleingruppen mit einem Betreuer ein Forschungsprojekt geplant und umgesetzt. Das Programm beginnt mit der einwöchigen European Summer School (ESS) zur Projektplanung und schließt nach einem Jahr mit einem einmonatigen Forschungspraktikum an einer Partneruniversität sowie einer YRP-Konferenz. Während des Jahres wird das Forschungsprojekt unter Supervision eines erfahrenen Forschers umgesetzt und auf der Abschlusskonferenz präsentiert. Bewerben können sich europäische Studierende mit guten mündlichen und schriftlichen Englischkenntnissen. Jedes Jahr werden etwa 30 Studierende aufgenommen, so dass Sie neue Freunde treffen können, die später gute Kontakte sein werden. Durch die Zusammenarbeit mit anderen Psychologiestudierenden und dem Forschungsbetreuer können Sie Forschungserfahrung in einer eigenständigen Studie sammeln und Ihre Forschungs- und Methodenkenntnisse erweitern. Weitere Informationen zu dem Forschungsprogramm und der Bewerbung finden Sie auf der Internetseite http://www.efpsa.org. Des Weiteren gibt es einige Forschungsprogramme des Deutschen Akademischen Austauschdienstes (DAAD), die sich unter anderem auch an Psychologiestudierende richten. Beispielsweise ist es möglich, sich im Rahmen des Programms Research Internships in Science and Engineering (RISE) für ein dreimonatiges Auslandspraktikum in der Forschung zu bewerben. Angebotene Praktika gibt es teilweise aus dem Bereich der experimentellen Psychologie wie etwa der Neuropsychologie. Wenn Sie ein passendes Praktikum unter den Angeboten finden und angenommen werden, erhalten Sie ein Stipendium mit Reisekostenpauschale. Informationen finden Sie auf der Internetseite http://www.daad.de/rise.

2.3 Was passiert, wenn Sie einen möglichen Betreuer gefunden haben?

Wenn Sie einen ersten Kontakt mit Ihrem möglichen Betreuer haben, werden Sie wahrscheinlich zu einem Interview eingeladen. Das Interview kann von dem Professor oder von jemandem, der in dem Labor arbeitet, wie etwa einem Laborleiter, Postdoc oder gestressten Doktoranden, durchgeführt werden. Unabhängig davon, wer Sie interviewt, denken Sie daran, dass Forschungsstellen kompetitiv sind, und je mehr Freunde Sie ermutigen, dieses Buch zu kaufen, umso konkurrenzfähiger werden diese. Wie bei Ihrer Bewerbung für die begehrte Position als Angestellter der Schokoladenfabrik von Willy Wonka, müssen Sie einen guten Eindruck hinterlassen. Der Professor muss Zeit investieren, um Ihnen etwas beizubringen, und möchte daher wissen, ob sich der Aufwand lohnt. Professoren mögen den Eindruck erwecken, dass sie den ganzen Tag damit verbringen, Kaffee zu trinken und den neuesten Sonderbericht im Deutschlandradio zu diskutieren, aber die meisten leisten außerordentlich viel Arbeit: Sie schreiben Artikel, berechnen Noten und lehnen Anfragen nach zusätzlichen Leistungspunkten ab. Deshalb möchten sie einen Hinweis haben, dass Sie zu den Studierenden gehören, für die es sich lohnt, diese anderen Aufgaben und den Kaffeebecher zur Seite zu stellen.

Was wird man Sie während des Interviews fragen? Vermutlich wird man Ihnen Fragen zu Ihren Noten, den belegten Kursen und Ihren langfristigen beruflichen Zielen stellen. Die Absicht dieser Fragen ist offensichtlich: Man möchte erfahren, ob Sie aufgeweckt, hart arbeitend und motiviert sind oder ob Sie ein achselzuckender Nichtstuer sind und nur danach streben, Sozialbetrug zu begehen. Mit diesem Wissen im Hinterkopf sollten Sie Informationen liefern – auch wenn Sie nicht danach gefragt werden –, die dazu führen, dass man sich für Sie entscheidet. So könnten Sie beispielsweise erwähnen, dass Sie Mitglied in einer akademischen Gesellschaft sind, Erfahrung in der Arbeit mit Kindern haben (wenn Sie sich für eine Stelle im Labor für Entwicklungspsychologie bewerben) oder das lange, langweilige Buch des Professors über Motivation gelesen haben. Andererseits spielt es keine Rolle, wie stolz Sie darauf sind, dass Sie Mitglied im Partykomitee einer Studentengruppe sind oder gerade trainieren, in 60 s mehr Hotdogs zu essen als Kobayashi; es macht keinen Sinn, irgendetwas zu erzählen, das für Ihre Forschungsfähigkeiten irrelevant ist.

Zusätzlich zu den Fragen, die dazu dienen festzustellen, ob Sie qualifiziert und interessiert sind, werden Ihnen möglicherweise auch einige seltsame Fragen gestellt, zum Beispiel ob Sie außer Deutsch und Englisch noch andere Sprachen sprechen. Es gibt keine richtige Antwort auf diese Fragen – seien Sie einfach ehrlich. Es kann sein, dass jemand gesucht wird, der Wortpaare in Suaheli–Deutsch für eine Gedächtnisstudie erstellt, – Suaheli zu können, kann dann ein großes Plus sein. Andererseits sollten Sie nicht verwirrt sein, wenn Sie auf die meisten dieser Fragen mit Nein antworten. Es mag gut sein, wenn Sie Differentialgleichungen lösen können, aber wenn Sie es nicht können, sind Sie vielleicht trotzdem ein guter Labormitarbeiter. Denken Sie immer daran, dass es wichtig ist, den Eindruck zu hinterlassen, dass Sie professionell, zuverlässig und motiviert sind.

2.4 Wie Sie die zehn häufigsten Fehler bei der Bewerbung für Forschungserfahrung vermeiden

Was Professoren Jobsicherheit bietet, ist die neue Generation von Studierenden, die jedes Jahr eintrifft und als Fortsetzung der vorherigen Generation die gleichen Fehler begeht. Der nächste Abschnitt wird Ihnen dabei helfen, den Teufelskreis zu durchbrechen, indem wir Ihnen zehn Tipps geben, wie Sie die Fehler vermeiden, die potentielle Mentees – das sind Sie – in der Vergangenheit gemacht haben.

2.4.1 Einem geschenkten Gaul schaut man nicht ins Maul

Auch wenn Sie aktiv auf der Suche nach einem Betreuer in der Forschung sein sollten und ein Betreuer wahrscheinlich nicht zu Ihnen kommen wird, haben Sie vielleicht das Glück, dass ein Professor Sie als wissenschaftliche Hilfskraft auswählt und sich deshalb an Sie wendet. Peter, ein Koautor dieses Buches, hatte Glück im Unglück – seine erste wissenschaftliche Stelle hat sich ergeben, als ein Kurs gestrichen wurde, für den er sich angemeldet hatte. Zur Entschuldigung hat ihm die Professorin eine Stelle als wissenschaftliche Hilfskraft in ihrem Labor angeboten.

Wenn so ein „geschenkter Gaul" Ihren Weg entlang kommt, sollten Sie lange und intensiv darüber nachdenken, ehe Sie ihn ablehnen. Eine Vielzahl von Studierenden schiebt die Mitarbeit in der Forschung auf, weil es nicht in ihren Zeitplan passt. Entweder weil sie sich nicht sicher sind, ob sie im Hauptfach Psychologie richtig sind, oder weil die Arbeit beinhaltet zu zählen, wie oft Erstklässler bei ihrer Theateraufführung des Titelliedes *Wer, wie, was* der Sesamstraße „oh" und „hm" sagen. Wenn Ihnen eine Mitarbeit in der Forschung angeboten wird, werden Sie bereits wohlwollend betrachtet. Vielleicht erkennt Ihr Betreuer ein Potential in Ihnen, das Sie selbst noch nicht sehen.

2.4.2 Finden Sie Wege, administrative Hürden zu umgehen

Man sollte meinen, dass die Menschen in der Verwaltung hocherfreut sind, wenn Studenten zehn Semester lang forschen möchten, um Leistungspunkte oder Forschungserfahrung zu erhalten. Leider stellen Universitäten oftmals administrative Hürden in Form von Regeln und Vorschriften auf, die es erschweren, an Forschungskursen teilzunehmen. Obwohl Professoren einen harten Kurs beim verspäteten Einreichen von Seminararbeiten fahren können, folgen viele einem subversiven Nonkonformismus. Selbst wenn die Prüfungsordnung vorsieht, dass Sie „Umfassende Einführung in die schwerfällige psychologische Analyse" und „Timing im Millisekundenbereich" belegt haben müssen, bevor Sie eigenständige Studien machen dürfen, verzichten Dozenten manchmal auf die Anforderungen, insbesondere wenn Sie den Eindruck machen, dass Sie wissen, wovon Sie sprechen, und wenn der Professor mit Ihnen arbeiten möchte.

Wenn Ihre Anfragen auf eine Ausnahme zurückgewiesen werden – Regeln sind nun mal Regeln –, dann müssen Sie diesen folgen. Aber manchmal gibt es Möglichkeiten, die Regeln zu umgehen, ohne sie wirklich zu brechen. Ihre Universität macht Ihnen vielleicht die Vorgabe, dass Sie keine Leistungspunkte für eigenständige Studien bekommen, bevor Sie nicht alle relevanten Kurse abgeschlossen haben, aber ist dies ein Grund, sich nicht freiwillig in einem Labor „nur für die Erfahrung" zu melden?

2.4.3 Lesen Sie die Artikel Ihres Professors vor Ihrem Treffen

Wenn Sie sich entschlossen haben, mit jemandem zu arbeiten, suchen Sie sich einige seiner oder ihrer Artikel heraus, und lesen sie diese. Universitätsbibliotheken haben die meisten Zeitschriftenartikel online. Das Anlesen von Kenntnissen über die Arbeit des Professors ermöglicht Ihnen zu sagen, was Ihnen daran gefällt, warum es Sie interessiert und was Sie nicht ganz verstanden haben; für die Ratlosen bietet Kap. 6 Tipps, wie sie Artikel finden und lesen. Sie könnten der Erste sein, der jemals den Artikel „Expert Decision Making by Armenian Maritime Lawyers"

(„Fachbezogenes Entscheidungsverhalten armenischer Anwälte für Seerecht") Ihres Professors gelesen hat, womit Sie sich zahlreiche Brownie-Punkte verdient haben.

2.4.4 Eine genaue Übereinstimmung der Interessen ist nicht nötig

Es ist optimal, wenn Sie mit jemandem in einem Bereich arbeiten können, der Sie begeistert, aber jede Forschungserfahrung wird Ihnen helfen, ebenso wie eine gute Empfehlung von jedem Professor. Vielleicht stellen Sie fest, dass Sie sich für ein Thema begeistern können, von dem Sie dachten, dass es Sie nie interessieren würde. Diesen Nervenkitzel hat schon mehr als ein Studierender erlebt, sich als Fußsoldat im bittern Krieg zwischen einem einzelnen Wiedererkennungsmodell mit hohem Schwellenwert und zwei Wiedererkennungsmodellen mit hohen Schwellenwerten zu fühlen. Wir wissen, dass sich das so anhört, als hätten wir es uns ausgedacht, aber das haben wir nicht.

2.4.5 Gehen Sie nicht davon aus, dass der erfahrenste Forscher der beste ist

Obgleich das Empfehlungsschreiben eines renommierten Wissenschaftlers hilfreich ist, sollten Sie Betreuer nicht ausschließen, nur weil sie neu im Beruf des Professors sind. Junge Wissenschaftler können ausgezeichnete Betreuer sein, und vielleicht sind sie bekannter, als Sie denken. Selbst wenn Juniorprofessoren direkt nach der Promotion engagiert werden, haben sie ihr eigenes Netzwerk von Freunden – der Fachbereich und die Absolventen der Universität, an der sie ihre Promotion gemacht haben, Forscher, die sie auf Konferenzen treffen, und Menschen, die ihre Artikel lesen.

2.4.6 Schreiben Sie keine Massen-E-Mails

„Hallo ihr Mitglieder des Fachbereichs Psychologie! Ich bin Thomas, aber ihr könnt mich auch PAC*MAN nennen + Ich bin Psychologiestudent im dritten Semester und suche nach einer AM LIEBSTEN BEZAHLTEN Forschungsmöglichkeit. Schreibt mir sobald wie möglich per E-Mail zurück, wenn ihr mit mir arbeiten wollt. Danke, Thomas." Wir kennen niemanden, der auf allgemeine E-Mail-Anfragen für eigenständige Forschungsarbeiten antwortet. Es ist etwas anderes, wenn jemand einem von uns persönlich eine E-Mail schreibt, um wegen einer Position in einem bestimmten Labor zu fragen. Trotzdem ist es weitaus besser, sich persönlich vorzustellen.

2.4.7 Wenn Sie einmal zugestimmt haben, seien Sie engagiert

Ändern Sie nach einer Zusage nicht plötzlich Ihre Meinung. Finden Sie heraus, mit wem Sie arbeiten möchten, und weisen Sie im Interview darauf hin, dass er Ihre erste Wahl ist. Wenn Ihnen ein Platz im Labor angeboten wird, geben Sie unmittelbar eine Zu- oder Absage. Wenn Sie zugesagt haben, engagieren Sie sich – auch wenn sich die verführerische Stelle auftut, Experimente zur visuellen Kognition von Vögeln durchzuführen. Die Mitarbeit in einem Labor zuzusagen und dann opportunistisch in ein anderes zu wechseln, lässt Sie flatterhaft erscheinen und macht es für die Professoren schwierig, die Besetzung ihres Labors zu planen. Ob Sie es glauben oder nicht, alle Ihre Professoren kennen sich untereinander – viele von ihnen verbringen gemeinsam Zeit und beklagen sich über die „Kinder von heute". Wenn Sie die Stelle in einem Labor fallen lassen, weil Sie angeblich mit der Pflege Ihres kranken Hamsters beschäftigt sind, aber unmittelbar in einem anderen anfangen, bekommen die Fachbereichsmitglieder dies mit und Ihr Ansehen ist angekratzt. Etwas anderes ist es natürlich, wenn Sie für eine Weile in einem Labor arbeiten und damit unzufrieden sind. Wenn dieser Fall eintritt, ist es in Ordnung, mit Ihrem Betreuer über ein Ende der Mitarbeit zu sprechen. Die meisten Mitarbeiter des Fachbereichs werden verstehen, wenn sich Ihre Interessen geändert haben oder wenn Sie sich etwas anderes vorgestellt hatten.

2.4.8 Sprechen Sie sich mit allen Betreuern ab, wenn Sie in mehreren Laboren arbeiten

Die meisten Betreuer haben nichts dagegen, wenn Sie in mehreren Laboren arbeiten, aber manchen macht es etwas aus. Wenn Sie Forschungseinrichtungen außerhalb der Universität besuchen, kann es beispielsweise wichtig sein, sich nur darauf zu konzentrieren und nicht parallel in anderen Forschungseinrichtungen zu arbeiten. Es kann schwer einschätzbar sein, ob Sie mit dem Testen von Kindern einer Kindertagesstätte rechtzeitig fertig werden, um im Amphibien-Verhaltenslabor milchige, ätzend-riechende Substanzen aus warzigen Molchen zu extrahieren. Wenn Sie planen, in mehreren Forschungseinrichtungen zu arbeiten, vergewissern Sie sich vorher, dass alle Betreuer Ihrer Forschungsprojekte Bescheid wissen und mit Ihrer Entscheidung einverstanden sind.

2.4.9 Spielen Sie nicht den Unentschlossenen

Entweder möchten Sie sich einem Labor anschließen oder nicht. Versuchen Sie nicht, sich als etwas Besonderes darzustellen oder zu sagen, dass Sie erst mit Ihrer Cousine Vera wegen des alternativen Jobs als Babysitter sprechen müssen. Dies vermittelt den Eindruck, dass Sie es nicht ernst meinen – und Sie möchten doch ernsthaft erscheinen und die Forschung ernst nehmen.

2.4.10 Stellen Sie geschickte Fragen

Ihr Treffen mit dem Betreuer ist ein guter Zeitpunkt herauszufinden, ob diese Position für Sie geeignet ist. Tabelle 2.1 bietet Ihnen eine Liste mit hilfreichen Fragen, die Ihnen bei der Entscheidung, ob Sie in diesem Labor arbeiten möchten, nützlich sein können. Auch wenn Sie nicht den Anspruch haben, dass Ihre Forschungserfahrung perfekt wird, sollten Sie realistisch einschätzen, ob Sie den an Sie gestellten Anforderungen gerecht werden können und welche Karrierechancen Ihnen diese Stelle bietet.

2.5 Zuschüsse, Wettbewerbe und Auszeichnungen

Wenn Sie erst einmal etwas Forschungserfahrung gesammelt haben, können Sie beginnen, darüber nachzudenken, ein eigenes Projekt zu gestalten. Da die Bachelorarbeit einen Teil Ihres Bachelorstudiums ausmacht, können Sie hier im Rahmen einer eigenständigen Arbeit weiterforschen und Ihre Erfahrungen aus vorheriger Mitarbeit in der Forschung nutzen. Darüber hinaus können Sie Ihre Forschungsinteressen, wenn Sie dies möchten, in einer Masterarbeit oder Promotion weiterverfolgen.

Fragen Sie an Ihrer Universität, Ihrem Fachbereich oder bei Ihrem Forschungsbetreuer nach Wettbewerben, die Forschung unterstützen. Häufig finden Sie auf der Internetseite der Universität oder der Fachgesellschaften der Psychologie Wettbewerbe und Auszeichnungen, von denen nicht einmal Ihre Professoren etwas wissen. Viele Universitäten unterstützen jährliche Postersessions oder Mini-Konferenzen, auf denen Studierende ihre abgeschlossenen Forschungsprojekte vorstellen und unter Umständen Preise gewinnen können. Wenn Sie eine Arbeit fertiggestellt haben, die Sie dafür qualifiziert, informieren Sie sich über mögliche Wettbewerbe und melden Sie sich an oder bewerben Sie sich. Sie könnten gewinnen, und das würde in Ihrem Lebenslauf sehr gut aussehen. Manchmal bieten auch Fachkonferenzen Auszeichnungen (z. B. Posterpreise) für studentische Forschung an. Mehr zu Fachkonferenzen finden Sie in Kap. 8.

Viele Universitäten bieten Zuschüsse für Abschlussarbeiten an, zum Beispiel die Bachelorarbeit, für die Sie sich bewerben können oder die Sie beantragen müssen.

2.5 Zuschüsse, Wettbewerbe und Auszeichnungen

Tabelle 2.1 Einige Fragen an potentielle Betreuer und warum Sie diese Fragen stellen sollten

Frage	Warum Sie fragen
Wie viel Flexibilität werde ich bei der Einteilung meiner Arbeitsstunden haben?	Es liegt an Ihnen, wie Sie Ihre Zeit planen, aber wenn Sie zusätzlich zum Studium arbeiten, können feste Zeiteinteilungen notwendig sein. Allerdings erfordern manche Projekte – wie solche, die den Besuch von Schulklassen und das Testen von Kindern beinhalten –, dass Sie bei Bedarf verfügbar sind. Werden Sie manchmal mehr Stunden arbeiten müssen oder werden Sie eine feste Stundenanzahl arbeiten?
Was wird von mir zum Abschluss der Laborarbeit erwartet?	Gibt es eine Abschlussprüfung? Einen Artikel? Einen Projektantrag? Lassen Sie sich nicht von zusätzlichen Anforderungen abschrecken: Sie werden Ihnen etwas bringen. Aber achten Sie darauf, was Sie tun sollen, damit es keine Überraschung ist.
Was werde ich im Labor tun?	Wie sieht ein typischer Tag aus? Welche Arbeit macht der Professor? Werden Sie alleine oder mit anderen zusammen arbeiten?
Erwartet der Professor von vornherein eine Mitarbeit über mehrere Semester?	Die meisten tun dies nicht. Einige schon. Sie müssen wissen, worauf Sie sich einlassen.
Besteht die Möglichkeit, eine Bachelor- oder Masterarbeit zu schreiben, wenn ich einige Semester in dem Labor gearbeitet habe?	Eine gute Abschlussarbeit ist wichtig, wenn Sie sich für eine Promotion oder eine Arbeitsstelle bewerben. Es zeigt, dass Sie ein großes Projekt erfolgreich abschließen können. Allerdings ist nicht jeder Professor bereit, eine Abschlussarbeit zu betreuen. Sie können beispielsweise herausfinden, ob Studierende tatsächlich eine Arbeit in angemessener Zeit bei diesem Professor abgeschlossen haben. Das wird Ihnen einen Hinweis darauf geben, ob Sie realistische Chancen haben, dort selbst eine zu schreiben.
Wer sind die wichtigsten Autoren, die auf diesem Forschungsgebiet arbeiten, so dass ich mich im Vorfeld etwas einlesen kann?	Möchten Sie nicht wissen, worum es bei der Arbeit des Professors geht?

Wenn Sie sich erfolgreich beworben haben oder Ihr Antrag genehmigt wurde, erhalten Sie etwas Geld, das Sie für Ihr Forschungsprojekt (z. B. Kosten für Versuchspersonen oder Erhebungsmaterialien) nutzen können. Vergibt Ihre Universität Forschungszuschüsse, sollten Sie sich definitiv bewerben, wenn Sie Ihre Bachelor- oder Masterarbeit beginnen.

2.6 Zusammenfassung

Wir sind mit dem Wunsch gestartet, der Einstieg in die Forschung sei wie ein Hollywood-Film, aber er ist mehr wie ein Kung-Fu-Streifen. Sie beginnen als Einzelperson unter vielen, die das gesammelte, geheim überlieferte Kung-Fu-Wissen der Forschungsmethoden begehren. Aber um das Ziel zu erreichen, müssen Sie mit allen Ihnen zur Verfügung stehenden Mitteln einen Lehrmeister finden. Vielleicht reisen Sie sogar in ein weit entferntes Land, wie den Marketingfachbereich, um einen Betreuer zu finden. Wenn Sie erst einmal den richtigen Betreuer gefunden haben, müssen Sie ihn davon überzeugen, dass Sie es wert sind, ausgebildet zu werden. Der beste Weg, dies zu tun, ist es, engagiert, zuverlässig und ausdauernd zu sein. Wenn Sie Glück haben, ist es nicht notwendig, große, mit kochendem Wasser gefüllte Kessel zu tragen. Und mit der passenden Ausbildung werden Sie sich bald aus eigener Kraft zu einem Kung-Fu-Meister der Forschung entwickeln.

Kapitel 3
Belohnungen und Herausforderungen des Forschens

Eine Psychologin erzählte uns die Geschichte ihrer zugegebenermaßen außergewöhnlichen ersten Forschungserfahrung als Bachelorstudentin. Sie war an der Durchführung von Experimenten zu den Effekten von Furcht auf das Gedächtnis beteiligt, und ihr Betreuer hatte die brillante Idee, Furcht zu induzieren, indem eine lebende Klapperschlange in den Raum mit dem Probanden gebracht wurde. Seine Argumentation war, dass Klapperschlangen tödlich und furchterregend seien und somit die experimentelle Bedingung – eine Klapperschlange um den Hals seiner wissenschaftlichen Praktikantin – angsteinflößender sei als eine Kontrollbedingung ohne Schlange. Es ist schwierig, gegen diese Logik zu argumentieren, aber sie vernachlässigt eine wichtige Tatsache – *die Bachelorstudentin hätte eine lebende Klapperschlange um ihren Hals*. Sie hatten der Schlange die Giftzähne entfernt und hielten sie in einem Käfig, wenn sie nicht dazu verwendet wurde, Probanden aus dem ersten Semester zu erschrecken. Dennoch war die heldenhafte wissenschaftliche Praktikantin anfangs nicht begeistert von der Idee. Offensichtlich ebenso wenig wie die Schlange: Sie entfloh mehrere Male aus dem Käfig und erlaubte der wissenschaftlichen Praktikantin damit, wertvolle Fähigkeiten im Schlangen-Einfangen zu erlangen. Glücklicherweise blieb sie bei dem Projekt, erhob ein ganzes Semester lang Probanden, unterstützte die Datenauswertung und verdiente sich ein sehr gutes Empfehlungsschreiben für ihr Masterstudium sowie einige besondere Forschungsqualifikationen.

Und was hat unsere Heldin aus all dem gelernt? Ihr spezifisches Forschungsthema – Furcht und Lernen – lieferte Ihr Kenntnisse, die für ihr Masterstudium nützlich waren. Ebenso erwarb sie Fähigkeiten, die regelmäßig Teil des Forscherlebens sind: beispielsweise zu lernen, wie man mit Menschen während der Experimente umgeht, die Ethik und ethische Begutachtung von Experimenten, das Forschungsdesign, die Datenauswertung und die alltäglichen Höhen und Tiefen der Forschung im Labor – Fähigkeiten, die sie bei jedem zukünftigen Arbeitgeber oder Labor einbringen kann. Außerdem hat sie als Teil ihrer Forschungserfahrung eine Art von Engagement und Initiative gezeigt, die zukünftige Arbeitgeber und Betreuer von Masterarbeiten anspricht. Nicht zuletzt versorgte die Arbeit mit Schlangen die Studentin mit einigen großartigen Geschichten, die sie in Interviews erzählen kann.

Nicht jede Forschungserfahrung ist so unvergesslich. Gleichwohl haben wir nicht mit einem einzigen Studenten gesprochen, der die Arbeit in einem Forschungslabor bereut hat. Im Gegenteil, viele Studenten entwickeln eine scheinbar uneingeschränkte und beständige Liebe für wissenschaftliche Entdeckungen. Begeistert, die ersten Forscher der Welt zu sein, welche die hierarchischen Ebenen des Bewusstseins motorischer Kontrolle von professionellen Frisbee-Werfern katalogisieren, wurden sie süchtig nach immer neueren und verborgeneren statistischen Methoden der Datenauswertung, und statt ihren ehemaligen Lieblingscomic zu lesen, warteten sie voller Ungeduld auf die aktuelle Ausgabe des *Journal of Experimental Psychology: Human Perception and Performance.*

In diesem Kapitel erklären wir, wie es ist zu forschen und warum Sie Gefallen daran finden können, auch wenn Sie sich nie auf die neuesten spannenden Entdeckungen zu „Effects of Agency on Movement Interference During Observation of a Moving Dot Stimulus" (Stanley et al. 2007; „Effekte der Selbstwirksamkeit auf Bewegungsinterferenz während der Beobachtung eines sich bewegenden Punktreizes") freuen. Wir geben Ihnen Tipps, wie Sie am meisten von Ihren Forschungserfahrungen profitieren, und ermutigen Sie dabeizubleiben.

3.1 Spiele, die wissenschaftliche Hilfskräfte spielen: Erfolg am Anfang der Forschungserfahrungen

Der Einstieg in die Forschungserfahrung ist gewöhnlich nicht mit Schlangen oder persönlicher Gefahr verbunden. Er kann bedeuten zu zählen, wie oft eine Taube in einer Stunde auf eine Taste pickt, oder hundert verschiedenen Personen dieselben zwölf Fragen über Motivation zu stellen. Er kann auch bedeuten, Antworten einer schriftlichen Umfrage in einen Computer einzugeben. Keine dieser Tätigkeiten ist für sich selbst genommen aufregend oder aufschlussreich, aber Sie können doch eine Menge dabei lernen. Das Geheimnis ist, sich vorzustellen, ein Detektiv zu sein, der versucht herauszufinden, was der Zweck dieser ganzen Arbeit ist. Was messen die Items des Fragebogens? Wie werden sie ausgewertet? Sie können diese Fragen mit Ihrem wissenschaftlichen Hilfskraftkollegen besprechen und versuchen, sie selbst zu beantworten; Sie können mit Doktoranden in Ihrem Labor darüber sprechen oder Ihren Betreuer direkt fragen. Wie auch immer Sie Detektiv spielen, Sie werden mehr von Ihrer Forschungserfahrung haben, wenn Sie aktiv versuchen herauszufinden, *warum* Sie tun, was Sie tun. Wie bei jedem anderen Aspekt der Forschung können Sie auch hier das geforderte Mindestmaß abarbeiten, aber dann ist es schwierig, mit den Studenten mitzuhalten, die sich über das Minimum hinaus engagieren.

Wir sind uns sicher, dass Sie sich fragen, welche spannenden Aufgaben den studentischen Forscher beim ersten Mal erwarten. Im nächsten Teil werden wir einige typische Dinge auflisten, die Studenten tun, und erklären, warum diese Aufgaben wichtiger sein können, als Sie annehmen. Sie können zu diesem Abschnitt zurückkommen, wenn Sie sich für Arbeitsstellen oder ein Masterstudium bewerben oder wenn Sie an einem persönlichen Aufsatz ackern und sich fragen, was Sie über das Gelernte schreiben sollen.

3.1.1 Gemeinschaftliche Arbeit: Gut mit anderen zusammenspielen

Unternehmen beschweren sich über Universitätsabsolventen, die nicht mit anderen zusammenarbeiten können. Deshalb können Sie als Student mit Arbeitserfahrung in einem großen Labor in Ihren Lebenslauf „Erfahrung mit der Zusammenarbeit in Teams" schreiben. Der wichtigste Teil einer effektiven Teamarbeit ist, daran zu denken, Informationen zu teilen, die andere wissen müssen. Wenn Sie zum Beispiel Probanden für einen anderen Versuchsleiter einplanen, dann ist es eine gute Idee, ihm mitzuteilen, dass Probanden kommen. Wenn etwas während des Experiments falsch läuft – wie etwa zu vergessen, dass Ihr Proband seit vier Stunden oben im Labor sitzt, um Matheaufgaben zu lösen –, dann müssen Sie Ihrem Betreuer Bescheid sagen, dass Sie einen Fehler gemacht haben, anstatt die Daten einfach im verschlossenen Stahlschrank abzulegen.

3.1.2 Experimente: Eine Übung zur professionellen Verantwortung

In vielen Untersuchungslaboren werden Sie lernen, Experimente durchzuführen. Wenn Ihre Probanden weder Prärie-Wühlmäuse noch nichtmenschliche Primaten sind – in welchem Fall Sie über was immer Sie interessiert sprechen können –, sollten Sie sich als Autoritätsperson zeigen. Seien Sie freundlich, aber vermitteln Sie, dass Sie federführend sind und ernst genommen werden müssen. Personen in verantwortlicher Position sprechen nicht freimütig über einen Wochenendausflug in den Downstairs@Club Jungle-Ra-Mazon oder über das Nichtbestehen der Prüfung „Die Geschichte postmoderner Textilien". Stattdessen stellen sie Fragen zu alltäglichen Dingen wie beispielsweise, wie die besuchten Seminare laufen oder welche Seminare man gut belegen kann. Wenn Sie es mit Menschen, die keine Studenten sind, zu tun haben, können Sie einfach neugierig auf deren Leben sein. Ebenso sollten Sie sich nicht über Personen lustig machen, die die schlechtesten Werte des ganzen Experiments erreicht haben. Scherze über Teilnehmer, die scheinbar starke medial-temporale Läsionen haben, mögen für Psychologiestudenten lustig sein, aber wahrscheinlich für niemand anderen, und sie sind unangebracht im Umgang mit dem Teilnehmer einer Studie. Wie bei jeder anderen Arbeit wird es geschätzt, wenn Sie sich professionell und höflich verhalten.

Ein wichtiger Bestandteil der Durchführung von Experimenten ist die Akquise von menschlichen Teilnehmern. Probanden zu akquirieren, kann so einfach sein, wie Psychologiestudienanfänger dazu zu bringen, sich online einzuschreiben, oder es kann beinhalten, Flyer zu verteilen, Menschen zu Hause anzurufen oder an ihrer Arbeitsstelle zu besuchen. Es macht nicht immer Spaß, Probanden zu suchen, aber es ist eine gute Arbeitserfahrung, und die Menschen, die Sie treffen, können interessant sein. Vielleicht treffen Sie die Frau, die den jährlichen Tanzmarathon des

Universitätssommerfestes oder die Weltmeisterschaft für eine antike griechische Kampfkunst im Jahr 1973 gegründet hat.

3.1.3 Ethische Ausbildung: Abfällige Bemerkungen über Ihren moralischen Charakter vermeiden

Die ethische Ausbildung spielt eine wichtige Rolle in den meisten Forschungserfahrungen, und Sie können diese in Ihrem Lebenslauf angeben. Jede Forschungserfahrung umfasst ethische Fragestellungen über die anständige Behandlung von menschlichen Teilnehmern und Tieren. Die menschliche Sicherheit und die menschliche Würde werden von Psychologen grundsätzlich geschützt – im Unterschied zu einigen anderen Berufsgruppen wie Fernsehproduzenten. Wir geben zu, dass Professoren Reality-Shows im Fernsehen genauso lieben wie jeder andere – zumindest wenn wir nicht gerade gegen das Konsumdenken Stellung beziehen, indem wir unsere Fernseher zerstören. Nichts fesselt einen so, wie dabei zuzusehen, wie Narzissten mit verbundenen Augen unwissentlich afrikanische Madagaskar-Fauchschaben zu sich nehmen, um 1 Mio. € zu gewinnen. In der entfernten Vergangenheit haben sich Professoren mit ähnlichen Experimenten unterhalten, aber dank der Einführung von Ethikkommissionen werden Küchenschaben in Ihrem Experiment wahrscheinlich nicht auf der Speisekarte stehen. Als Teil Ihrer Forschungserfahrung werden Sie lernen, warum psychologische Versuchsleiter ihre Probanden vorab über die Forschung informieren, ihnen die Möglichkeit geben, ohne Nachteile zu jeder Zeit ihre Zustimmung zur Teilnahme zurückzuziehen, und warum das Projekt von einer Ethikkommission überprüft wird. Die alltägliche Erfahrung der Anwendung ethischer Maßstäbe veranschaulicht die eher trockene Darstellung, die in Ihrem Text zur Forschungsmethodik steht.

Vielmehr werden Sie sich während Ihrer Forschungserfahrung in ethischen Dilemmata wiederfinden wie beispielsweise, ob Sie ein Experiment abbrechen sollen, wenn ein Teilnehmer anfängt zu weinen (wir denken ja), oder ob Sie das Recht haben, ein Experiment zu beenden, wenn ein Teilnehmer andere bei der Bearbeitung der Aufgabe stört (wir denken wieder ja). Wenn diese Situationen auftauchen, treffen Sie die nach Ihrem Ermessen bestmögliche Entscheidung. Besprechen Sie anschließend mit Ihrem Betreuer, was geschehen ist, und holen Sie sich Rat für zukünftige Entscheidungen.

3.1.4 Routinearbeit

Auch wenn die verlockende Arbeit der Durchführung von Experimenten Ihnen gehören kann, umfasst Ihre Tätigkeit möglicherweise auch Aufgaben im dunklen Hinterzimmer wie Post versenden, Daten auswerten und Daten in Computerprogramme eingeben. Eine wissenschaftliche Hilfskraft, mit der wir gesprochen haben, war Teil eines Mammuteinsatzes, bei dem 1.800 Umschläge mit Formular und

Rücksendeumschlag zu bestücken, zuzukleben, zu adressieren und zu verschicken waren – in drei Tagen. Studenten in einem anderen Labor haben uns berichtet, dass sie transkribieren mussten, was Personen laut sagten, während diese ein Problem bearbeiteten. Jeder dieser Jobs war Teil eines größeren Projekts, die Studenten nahmen an Laborbesprechungen teil und lernten, wie ihre Leistungen zur Forschung beigetragen haben. Wenn Sie nur Umschläge verschickt und nie etwas über die Forschung gelernt hätten, würden Sie sich ausgenutzt fühlen. Aber wenn Ihnen die Arbeit die Möglichkeit gibt, etwas über die Methoden und die Ergebnisse der Studie herauszufinden, dann erwerben Sie etwas Wertvolles. Haben Sie keine Angst, Ihren Betreuer oder andere Studenten mit Fragen zu löchern, worum es in dem Projekt geht, wie Sie dazu beitragen oder wie Sie dies noch besser tun können.

3.2 Fortgeschrittene Forschungserfahrung: Ihre eigenen Studien

Wenn Sie erst einmal über die erste Forschungserfahrung hinaus gelangt sind, möchten Sie wahrscheinlich Ihr eigenes Forschungsprojekt durchführen. Ein guter erster Schritt ist, ein Thema für die Untersuchung zu finden. Vielleicht bietet Ihnen Ihr Betreuer ein Thema an und empfiehlt Ihnen Lektüre. Wenn dies nicht der Fall ist, müssen Sie sich selbst etwas überlegen. Ein häufig funktionierender Ansatz ist der Versuch, eines der Experimente, die Sie bereits im Labor durchgeführt haben, zu erweitern oder zu verändern. Wenn Sie mehr als das tun möchten, dann sollten Sie Ihr Augenmerk auf die Forschungsarbeit Ihres Betreuers richten und ein Thema finden, das mit diesen Interessen übereinstimmt. Wenn Ihr Betreuer sich damit beschäftigt, wie Kinder lernen zu zählen, sollte Ihr Projekt wohl auch etwas damit zu tun haben.

Wir wissen, was Sie jetzt denken: „Ich möchte untersuchen, wie Kinder lernen, die Emotionen von Berner Sennenhunden zu interpretieren, aber mein Betreuer ist ein biologischer Psychologe, der die hippokampalen Läsionen von transgenen Schafen und Ziegen erforscht." Ein guter Grund, ein Thema zu wählen, mit dem Ihr Betreuer sich auskennt, ist die Tatsache, dass er nur beraten kann, wenn er mit dem Thema vertraut ist. Im Gegensatz zu dem weit verbreiteten Glauben fallen gute Ideen nicht einfach vom Himmel, kommen nicht von Herzen und rühren nicht von natürlicher Intelligenz. Sie entstehen durch Lesen. Bevor Sie auf den Schultern von Riesen stehen können, müssen Sie wissen, was die Riesen über Ihr Thema gesagt haben, und das heißt, sich auf den Weg in die Bibliothek zu machen. Erschwert wird das Ganze manchmal dadurch, dass Sie die Artikel zu einem bestimmten Thema einfach nicht finden können. Ein Experte dagegen kennt auf seinem Gebiet alle relevanten Artikel. Je mehr Ihr Betreuer über ein bestimmtes Thema weiß, umso wahrscheinlicher ist es, dass Sie etwas Interessantes und Innovatives machen und dass Ihr Experiment funktionieren wird, weil er auch weiß, welche Dinge schiefgehen können.

Haben Sie ein Thema ausgewählt, müssen Sie sich dahinterklemmen und sich in das Thema einlesen, schreiben und die Studien durchführen. An diesem Punkt werden Ihre Fähigkeiten im Zeitmanagement auf die Probe gestellt. Bachelorstudenten haben eine Menge anderer Aufgaben, die ihre Aufmerksamkeit erfordern wie etwa für Prüfungen lernen, arbeiten, abends ausgehen und diskutieren, ob 1947 in Roswell Aliens gelandet sind. Es gibt immer Dinge, die sofort erledigt werden müssen, deshalb ist es einfach, die Forschungszeit vorbeiziehen zu lassen. Leider wird Ihre Forschung nicht fertig, wenn Sie sie nicht machen.

Wir denken, dass es hilfreich ist, mit Ihrem Betreuer jede Woche konkrete Ziele zu setzen und dann zu versuchen, diese Ziele zu erreichen, indem Sie jede Woche einige Zeit für die Forschung einplanen (Silvia 2007). Behandeln Sie Ihre Forschungszeit wie eine Prüfung in Biochemie: Sie kann weder verschoben noch verändert werden. Sollten Sie die Prüfung aus einem schrecklichen Grund verpassen, tun Sie gut daran, in die angesetzte Nachprüfung zu gehen. Wenn Sie beim Erstellen des Zeitplans unnachgiebig sind und daran festhalten, werden Sie erstaunt sein, wie schnell sich Ihr Projekt voranbewegt. Falls Sie nur daran arbeiten, wenn Sie sich danach fühlen, werden Sie ebenso überrascht sein, wie wenig Sie jede Woche erreichen.

Widerstehen Sie der Versuchung, einen Tag nichts zu tun. Die Versuchung entsteht, wenn Sie daran denken, was Sie sonst noch alles erledigen müssen, und meinen, in der nächsten Woche viel mehr Zeit zu haben. Forschung zur Einschätzung von Zeit zeigt, dass wir immer denken, wir hätten in der Zukunft mehr Zeit als in der Gegenwart. Sie zeigt ebenfalls, dass wir damit fast immer falsch liegen – jede Woche ist geschäftig, und wir haben nie mehr Zeit zur Verfügung als momentan (Zauberman und Lynch 2005). Etwas auf morgen aufzuschieben, was man heute tun sollte, ist ein Rezept für das Nicht-fertig-Werden.

3.3 Ausdauer und Belastbarkeit

In Kap. 2 betonen wir, dass Professionalität der Schlüssel zum Einstieg in die Forschung ist. Noch wichtiger ist, dieses Level an Professionalität während der gesamten Erfahrung beizubehalten. An vielen Universitäten kann sich ein Student unsichtbar fühlen; es hat nicht unbedingt Konsequenzen, das Seminar ausfallen zu lassen, zu spät zu kommen oder in einer 300-Mann-Vorlesung ein Nickerchen zu machen. Während Ihrer Forschungserfahrung sind Sie jedoch nicht nur sichtbar, sondern werden ständig beobachtet. Sie müssen beweisen, dass Sie immer wieder erscheinen, pünktlich sind und Aufgaben kompetent erledigen. Durch diese professionellen Qualitäten erarbeiten Sie sich den Respekt Ihres Betreuers und ein gutes Empfehlungsschreiben für Ihr Masterstudium oder Ihre Arbeit.

Unter Studenten mit ausgezeichneten Noten hält sich der Mythos, dass es ausreicht, brillant zu sein, um ein großartiger Forscher zu werden. Unsere Erfahrung ist, dass einige brillante Menschen in der Forschung nicht weit kommen. Der Unterschied zwischen Menschen, die es schaffen, und solchen, die es nicht schaffen, ist die Fähigkeit, auch Professionalität zu zeigen, wenn Dinge langweilig, schwierig, unangenehm oder stressig werden. Im Vergleich dazu erreichen Studenten, die sich aus dem Staub machen, wenn es schwierig wird, nie viel. Arbeitgeber und Universitäten wissen, dass jeder harte Zeiten haben wird, und möchten deshalb wissen, ob Sie einer der seltenen hartnäckigen Menschen sind oder nur ein weiterer Unbeständiger.

Wissenschaftliche Arbeit kann manchmal langweilig sein. Sie stellen fest, dass Sie das gleiche Experiment wieder und wieder durchführen und Sie fangen möglicherweise an, Fehler zu machen. Sobald es langweilig wird, beginnt der Großteil der wissenschaftlichen Hilfskräfte nur den kleinstmöglichen Aufwand zu betreiben, manchmal einige Minuten zu spät zu kommen und nicht mehr zu tun als das, was von ihnen verlangt wird. Sie möchten der Student sein, der das Gegenteil davon macht. Wenn Dinge langweilig werden, versuchen Sie, Wege zu finden, sie interessant zu halten. Finden Sie heraus, warum die Studie auf diese Weise gestaltet wurde. Überlegen Sie sich Ideen für zukünftige Studien und diskutieren Sie diese mit Ihrem Betreuer. Lesen Sie Artikel zu diesem Thema. Forschung im Bereich Motivation zeigt, dass die besten und klügsten Menschen oftmals Wege finden, langweilige Aufgaben in vergnügliche Aufgaben zu verwandeln, indem sie sich persönliche Herausforderungen stellen – somit halten sie länger durch (Sansone und Smith 2000).

Wissenschaftliche Arbeit kann hin und wieder emotional anstrengend sein. Sie können erfahren, dass Ihre Arbeit nicht gut genug war oder dass Ihre Studie überarbeitet und nochmals durchgeführt werden muss. Viele Studien in der Wissenschaft zeigen, was *nicht* funktioniert, und weisen auf einen besseren Weg hin, um die Idee zu testen. Gleichermaßen können Sie sogar nach dem Beenden einer Studie Probleme entdecken, die es erfordern Ihre Ergebnisse neu zu interpretieren oder sogar nochmals von vorn zu beginnen. Dies kann entmutigend sein, insbesondere dann, wenn Sie das Gefühl haben, persönlich zu scheitern. Aber trösten Sie sich – sogar die besten Wissenschaftler schreiben Artikel, die abgelehnt werden, erstellen Experimente, die ihnen um die Ohren fliegen, und müssen Dinge verbessern und noch einmal versuchen. Wie bei den meisten Jobs gibt es keinen einfachen Weg, erfolgreich zu sein. Sie werden es immer wieder versuchen müssen und manchmal trotz größter Anstrengung scheitern. Mit Enttäuschungen umzugehen, ist schwer, aber jeder muss sie durchmachen. Wenn Sie denken, dass Ihr Betreuer Ihren Schmerz lindern kann, dann sprechen Sie mit ihm. Wenn nicht, teilen Sie Ihre Enttäuschungen mit anderen wissenschaftlichen Hilfskräften. Freunde zu haben, die die gleichen Erfahrungen durchmachen, kann Ihnen helfen, sich besser zu fühlen, und Ihnen die Energie geben weiterzumachen. Sie können sich auch einen Freund aus dem örtlichen Tierheim zulegen. Berner Sennenhunde sind großartige Zuhörer und werden Sie lieben, was auch immer passiert.

Das Gleiche gilt auch für andere stressige Ereignisse in Ihrem Leben. Manchmal geht einfach alles schief. Vielleicht machen Sie mit Ihrem Freund Schluss, vielleicht ist Ihre Großmutter krank oder vielleicht sind Ihre Leistungen in einem wichtigen Seminar nicht gut. Suchen Sie sich in diesen Zeiten soziale Unterstützung von Ihren Freunden, Ihrer Familie oder einem Therapeuten. Für Studenten mit Problemen gibt es an den Universitäten meist kostenfreie oder günstige Beratung, die viel bewirken kann.

In schweren Zeiten besteht die Gefahr, die Forschungserfahrung abzubrechen und sich auf ganz andere Dinge zu konzentrieren, aber nutzen Sie Ihren gesunden Menschenverstand. Fragen Sie Ihren Betreuer nach ein paar freien Tagen, wenn Sie sich mit Belastungen in Ihrem Leben auseinandersetzen müssen. Wenn Sie das

Gefühl haben, nicht weitermachen zu können, dann ziehen Sie in Erwägung, sich vorübergehend ganz aus dem Studium zurückzuziehen und erst zurückzukehren, wenn Sie sich besser fühlen. Tun Sie, was immer Sie meinen, tun zu müssen, aber versuchen Sie, einem Abbruch zu widerstehen oder Ereignisse in Ihrem Leben als Entschuldigung heranzuziehen, um nachzulassen. Wenn Sie einen Weg finden, Ihre Aufgaben als studentischer Forscher zu erfüllen, werden Sie zum Schluss froh sein, dass Sie nicht aufgegeben haben.

3.4 Fehler machen – das kommt vor

Jeder macht Fehler: Wir sind alle schon einmal auf der Kostümparty als Polizist verkleidet aufgetaucht und haben dann festgestellt, dass die Spielzeughandschellen echt waren. Aber das ist in Ordnung – es heißt nicht, dass Sie als Mensch ein Versager sind. Es gibt keinen Grund, eine Mönchskutte anzulegen und als Pilger auf die Spitze eines Berges zu klettern, um Ihre Seele zu reinigen. Wenn Sie einen Fehler machen, geben Sie ihn einfach zu. Schreiben Sie auf, was passiert ist, und erklären Sie es Ihrem Betreuer. Sie sollten sorgfältig arbeiten und Fehler vermeiden, aber Forschung geht manchmal schief. Es ist viel besser, etwas zuzugeben, als so zu tun, als sei nichts passiert und mit unbrauchbaren Daten zu enden. Der Zweck der Wissenschaft ist nicht, gegenüber Ihrem Betreuer perfekt zu erscheinen; es ist wichtiger, dass die Daten exakt sind. Letztendlich werden Betreuer Ihre Ehrlichkeit schätzen, selbst wenn sie sich eine Weile aufregen.

3.5 Zusammenfassung

Es ist schwierig zu lernen, ein guter Forscher zu sein, genauso schwer wie Russisch zu lernen, Differentialgleichungen zu beherrschen oder herauszufinden, ob Ihre gelbe Schlaghose aus Kord und Ihr Panamahut dieses Jahr cool sind oder nicht. Glücklicherweise ist Forschung auch ungeheuer lohnend. Was die besten studentischen Forscher von den mittelmäßigen unterscheidet, ist nicht, wie viel Spaß sie während der guten Forschungsabschnitte haben – niemand bricht seine Arbeit ab, weil sie so großartig läuft. Menschen brechen in den langweiligen, den enttäuschenden und den emotional harten Phasen ab. Wenn Sie die Belohnungen der Forschungserfahrung ernten möchten, dann bleiben Sie dabei und machen Sie das Beste aus Ihrer Zeit, indem Sie Fragen stellen und versuchen, so viel wie möglich zu lernen. Wenn Sie immer mehr lernen, können Sie beginnen, über eigene Projekte nachzudenken und wie Sie Ihre Spuren in der Wissenschaftswelt hinterlassen.

Kapitel 4
Vergnügen am Lebensstil der Psychologie

Als sich die Menschen in den 1960er Jahren entschieden, psychedelischen Rockbands durch das ganze Land in einem VW-Bus hinterherzufahren, Batik-T-Shirts zu tragen und das System zu untergraben, gaben sie damit die Wahl ihres Lebensstils bekannt. Vielleicht haben sie ursprünglich mitgemacht, weil ihnen ein oder zwei Lieder gefielen, aber am Ende haben sie ihr Leben dem Frieden und der freien Liebe geweiht. Psychologe zu sein, ist auch eine Wahl des Lebensstils. Vielleicht haben Sie ursprünglich damit angefangen, weil Ihnen nichts anderes einfiel, stellen jetzt aber fest, dass Sie auf Studentenpartys zweifelhafte Witze über den Stroop-Effekt erzählen, Ihr eigenes *d'* in Mehrspieler-Onlinespielen berechnen oder sogar über die Scherze Ihrer Professoren in Vorlesungen lachen.

Es ist Zeit, reinen Tisch zu machen: Sie sind nun ein *ernsthafter* Psychologiestudierender. Der nächste Schritt? Finden Sie andere Menschen, die Ihre Wahl unterstützen. Und das wiederum bedeutet, sich mehr an der umfangreichen Welt der Psychologie zu beteiligen. Es ist auch an der Zeit, dass sich Ihre Liebe zur Psychologie in andere Aspekte Ihres Lebens schleicht, wie beispielsweise in die Kurse, an denen Sie außerhalb Ihres Fachbereichs teilnehmen, in Ihre Gewohnheiten und in Ihre Kleidung. In diesem Kapitel zeigen wir Ihnen, wie Sie sich über den Vorlesungssaal hinaus für Ihr geliebtes Hauptfach einsetzen und Ihr Leben mit der artesischen Quelle der Psychologie anfüllen können. Die Links zu den entsprechenden Internetseiten, die in diesem Kapitel erwähnt werden, finden Sie in der Übersicht 4.1. Bevor Sie es merken, haben Sie sich von einem alltäglichen Psychologiestudierenden in jemanden verwandelt, der Vorträge von Claude L. Steele in einem T-Shirt mit der Aufschrift „Stereotype bedrohen uns alle" im ganzen Land besucht (Steele und Aronson 1995).

> **Übersicht 4.1: Nützliche Internetlinks für den Psychologielebensstil**
> Deutsche Gesellschaft für Psychologie (DGPs): http://www.dgps.de
> Berufsverband Deutscher Psychologinnen und Psychologen (BDP): http://www.bdp-verband.de
> Bundesvereinigung Psychologiestudierende im BDP (BV): http://www.bv-studenten.de

European Federation of Psychology Students' Associations (EFPSA): http://efpsa.org
Association for Psychological Science (Gesellschaft für Psychologische Wissenschaft, APS): http://www.psychologicalscience.org
American Psychological Association (Amerikanische Psychologische Gesellschaft, APA): http://www.apa.org

4.1 Werden Sie Mitglied in studentischen und nationalen Organisationen

Sich mit anderen Psychologiestudierenden vor Ort und weltweit zu vernetzen, beginnt in Ihrem betreuenden Forschungslabor – die anderen in Ihrem Labor sind wahrscheinlich genauso begeistert von der Psychologie wie Sie selbst. Darüber hinaus besteht die Möglichkeit, sich studentischen Gruppen anzuschließen. Beispielsweise gibt es an fast allen Universitäten eine Fachschaft des Psychologiefachbereichs, die regelmäßige Treffen veranstaltet. Sie organisiert möglicherweise Vorträge zum Thema Karriere in der Psychologie, ermöglicht es Ihnen, Master-Studierende und Doktoranden kennenzulernen und Fragen über ein Masterstudium oder Graduiertenprogramm zu stellen. Und manchmal gibt es bei den Treffen auch kostenlose Pizza.

Studierende können auch Mitglied in einer nationalen oder internationalen Organisation werden. Größere Organisationen in Deutschland sind die Deutsche Gesellschaft für Psychologie (DGPs) und der Berufsverband Deutscher Psychologinnen und Psychologen (BDP). Der BDP richtet sich an berufstätige Psychologen, aber mit seiner Bundesvereinigung Psychologiestudierende im BDP (BV) auch an Bachelor- und Master-Studierende. Psychologiestudierende können als außerordentliche Mitglieder in den BDP aufgenommen werden und sind damit automatisch Mitglied im BV. Sie zahlen einen günstigen, studentischen Mitgliedsbeitrag und erhalten durch ihre Mitgliedschaft einige Vorteile. Für Mitglieder bietet der BV eine Praktikumsbörse sowie Beratung zum Studien- und Berufsweg. Sie erhalten zehnmal im Jahr die Zeitschrift *Report Psychologie* und Sonderkonditionen für Abonnements einiger anderer Fachzeitschriften. Zudem werden sie per Newsletter über aktuelle Veranstaltungen und Arbeitsstellen informiert. Der BV ist als Organisation Psychologiestudierender in Deutschland Mitglied in der European Federation of Psychology Students' Associations (EFPSA) und vernetzt die Studierenden europaweit. Zu den Angeboten der EFPSA für Studierende gehören unter anderem Informationen zum Auslandsstudium, ein Reisenetzwerk, ein jährlicher, wissenschaftlicher Psychologiekongress und Forschungsprogramme.

Die DGPs ist eine Gesellschaft für wissenschaftliche Psychologie. Studierende können erst während ihres Masterstudiums studentisches Mitglied werden und müssen dazu von zwei ordentlichen Mitgliedern der Gesellschaft vorgeschlagen werden. Die DGPs organisiert alle zwei Jahre einen themenübergreifenden Kongress, und Fachgruppen der DGPs bieten Fachtagungen und Workshops an. Mitglieder erhalten zum Beispiel die DGPs-Zeitschrift *Psychologische Rundschau* und ermäßigte Konditionen für eine Reihe von deutsch- und englischsprachigen Fachzeitschriften. Der Zugang zur Internetseite der DGPs ist kostenlos und bietet Informationen zum Psychologiestudium auch für Bachelor-Studierende.

Wer an der Mitgliedschaft in einer englischsprachigen, psychologischen Gesellschaft interessiert ist, kann beispielsweise der American Psychological Association (APA) oder der Association for Psychological Science (APS) als studentisches Mitglied beitreten. Die APA ist die größte amerikanische Organisation für Psychologen und stellt auf ihrer Internetseite freie Informationen für Studierende zur Verfügung. Die Mitgliedschaft ist günstig, und Mitglieder erhalten Vergünstigungen für Bücher und Videos, die von der APA veröffentlicht wurden, bekommen den *Monitor on Psychology*, ein monatliches Fachmagazin über Psychologie und können die Zeitschrift *American Psychologist* kostenfrei abonnieren. So haben die Studierenden nicht nur gutes Lesematerial, sondern sind auch in der Mailingliste der Gesellschaft, das heißt, sie werden per Newsletter über Möglichkeiten informiert, die andere Studierende vielleicht verpassen.

Die APS ist eine vergleichbare Organisation, die sich besonders der Wissenschaft der Psychologie widmet. Studierende können für einen kleinen Mitgliedsbeitrag eintreten und erhalten Abonnements für einige Fachzeitschriften einschließlich der *Psychological Science*, die kurze und interessante Artikel zu vielen verschiedenen Themen beinhaltet, und einer unserer Lieblingszeitschriften, *Current Directions in Psychological Science*, die kurze Überblicksartikel (*reviews*) von erstklassigen Forschern umfasst. Diese gut zu lesenden Zeitschriften sind für Studierende verfügbar. Außerdem gibt es den *APS Observer*, der mit dem *APA Monitor* vergleichbar ist. Der Studierendenausschuss der APS bietet Onlineberatung an, veröffentlicht freie Newsletter und vergibt kleine Zuschüsse. APS hat eine schicke Internetseite, die auch Hilfsmittel für studentische Forschung beinhaltet.

Neben diesen größeren Organisationen sind Sie vielleicht auch daran interessiert, in spezialisierten Gruppen oder Gesellschaften Mitglied zu werden, die Ihren Forschungsbereich unterstützen. Viele Organisationen der Psychologie haben irgendeine Form der Mitgliedschaft für Studierende, die ihnen die Ressourcen im Rahmen eines vergünstigten Mitgliedbeitrags zur Verfügung stellt.

4.2 Nehmen Sie an Veranstaltungen der Universität teil

Als Studierender werden Sie auf dem Campus möglicherweise Aushängen begegnen, die für Vorträge wie „Heisenbergs Unschärferelation als treibende Kraft in der Entwicklung der sexuellen Gewohnheiten auf Bermuda im 20. Jahrhundert" werben. Vielleicht sind Sie nicht davon ausgegangen, dass diese Vorträge für Sie zugänglich sind, aber wie sich herausstellt, sind sie es. Durchstöbern Sie das schwarze Brett Ihres Psychologiefachbereichs nach Aushängen, die ein *Kollo-*

quium (Plural: *Kolloquien;* englisch: *colloquium, colloquia*) ankündigen. Dies ist ein freier, wissenschaftlicher Vortrag, der für jeden offen ist. Sie können ebenfalls nach *Antrittsvorlesungen* Ausschau halten, die stattfinden, wenn Professoren ihre Stelle an einer Universität antreten und ihre Forschung vorstellen. Zudem gibt es *interne Forschungskolloquien,* die sich auf ein bestimmtes Thema oder einen speziellen Forschungsbereich konzentrieren, in denen wissenschaftliche Mitarbeiter, Doktoranden und Studierende ihre aktuelle Forschung vorstellen. Kolloquien und Antrittsvorlesungen sind fast immer für die Öffentlichkeit zugänglich und kostenlos. Interne Forschungskolloquien sind meistens vertrautere Situationen, so dass Sie vorher in Erfahrung bringen sollten, wer diese veranstaltet, um nachzufragen, ob Sie teilnehmen dürfen. Wenn Sie an einigen dieser Forschungskolloquien teilnehmen, haben Sie vielleicht die Möglichkeit, dort auch Ihre eigene Forschung vorzustellen.

Auch wenn Sie von dem Thema eines Vortrags nicht begeistert sind, erhöht die Teilnahme Ihre Sichtbarkeit im Fachbereich und bringt Sie mit neuen Ideen in Berührung. Außerdem haben Sie die Möglichkeit zu sehen, wie professionelle Vorträge funktionieren, und die guten, die schlechten und die schlimmen zu beobachten. Machen Sie sich Notizen, was funktioniert und was nicht (mehr dazu, wie Sie einen Forschungsvortrag ausarbeiten, finden Sie in Kap. 10). Die gleichen Fähigkeiten, die benötigt werden, um einen Fachvortrag zu halten, werden für das Halten einer Produktpräsentation in der Geschäftswelt gebraucht. Und manchmal gibt es bei (Forschungs-)Kolloquien kostenloses Essen und kostenlosen Kaffee.

Sie können sich auch über Veranstaltungen an anderen Universitäten erkundigen, wenn Sie das Glück haben, in einer Region mit mehreren Universitäten zu wohnen. Wenn Sie eine Fahrt in eine andere Stadt planen, überlegen Sie sich, einige Ihrer Kommilitonen aus dem Psychologiestudium einzuladen, insbesondere wenn einer von ihnen bereit ist, Auto zu fahren. Sie können die Benzinkosten teilen und haben zudem noch Gesellschaft.

4.3 Bauen Sie sich eine eigene Fachbuchsammlung auf

Bekanntlich sind die Bücher im Büro eines Psychologen nicht nur dazu da, um schön auszusehen – auch wenn sie wie Brillen und weiße Laborkittel dazu beitragen, dass Professoren auf Fotos klüger aussehen. Professoren nutzen ihre Bücher, um herauszufinden, was in einem bestimmten Forschungsbereich bereits gemacht wurde, um den Studierenden Literaturempfehlungen zu geben und um die neueste Forschung zu einem Thema zu finden. Die meisten von ihnen haben angefangen, Bücher zu sammeln, als sie Studierende wie Sie waren.

Angesichts eines Studierendenbudgets erscheinen Bücher teuer, dennoch ist es den Preis wert, sie zu besitzen. Man kann nicht früh genug anfangen, eine persönliche „Bibliothek" aufzubauen, beginnend mit einigen Lehrbüchern. Es ist verlockend, die Bücher nach dem Seminar- oder Vorlesungsende weiterzuverkaufen, aber man sollte manche von ihnen behalten. Nicht zuletzt helfen Sie Ihnen, sich auf die Bachelorprüfungen vorzubereiten. Wenn Sie sich Woche für Woche in der Bibliothek wiederfinden, um die einzige Ausgabe von *Qualitative Theories of Metacontrast Masking in the Autistic Brain* („Qualitative Theorien zu Metacontrast Masking im autistischen Gehirn") zu studieren, dann ist es vielleicht an der Zeit, sich eine eigene Ausgabe zuzulegen. Sie können auf die Webseite des Verlags gehen und direkt dort kaufen, in Ihrer Lieblingsbuchhandlung um die Ecke oder online bestellen. Alternativ können Sie auch Ihre Mutter bitten, es Ihnen zum nächsten Geburtstag zu schenken – machen Sie sich keine Sorgen, sie wird sich immer noch an die Zeit erinnern, als Sie klein waren und sie Ihnen ein Buch über Modelleisenbahnen anstelle des pinkfarbenen Puppenhauses aus Plastik gekauft hat. Wahrscheinlich wird sie Ihnen ebenfalls den MP3-Player schenken, den Sie sich zusätzlich zu dem Buch gewünscht haben.

Manche Bücher sind nützlicher als andere. Sie sollten auf jeden Fall das *Publication Manual* der APA (APA 2009) besitzen, wenn Sie ein Masterstudium oder eine Promotion anstreben. Es ist gut, Bücher zu fachlichen Fähigkeiten zur Hand zu haben, wenn Sie einen Rat oder einen Motivationsschub brauchen. Für den Anfang finden Sie eine hilfreiche Liste mit Büchern zu Fachthemen im Anhang dieses Buches. Einen weiteren Buchtyp, den man besitzen sollte, ist ein *Handbuch*, das eine Kapitelsammlung zur Beschreibung des aktuellen Standes in einem bestimmten Forschungsbereich bietet. Wenn wir ein neues Handbuch zu einem Gebiet sehen, an dem wir interessiert sind, kaufen wir es üblicherweise und stellen es in unser Bücherregal. Dies ist die Art von Büchern, die Sie eines Tages hervorholen, um eine Antwort auf die Fragen Ihres Psychologiedozenten zu erhalten oder wenn Sie mehr über den neuesten Durchbruch in rational-emotiver Verhaltenstherapie, Persönlichkeitsentwicklung oder Konditionierung von Weichtieren wissen möchten.

4.4 Besuchen Sie Konferenzen

Selbst wenn Sie keinen Artikel und kein Poster vorstellen, sollten Sie sich nach interessanten Konferenzen umsehen (mehr dazu finden Sie in Kap. 8). Sie können immer eine Pilgerreise zum Kongress der Deutschen Gesellschaft für Psychologie (DGPs) oder der Tagung experimentell arbeitender Psychologen (TeaP) machen, insbesondere wenn sie bei Ihnen in der Nähe stattfinden. Nehmen Sie einige Ihrer Psychologiekommilitonen mit, buchen Sie ein Hotelzimmer und gehen Sie gemeinsam hin. Wenn es thematische oder nationale Konferenzen gibt, zu denen Sie fahren können, kann dies ebenfalls Spaß machen. Es gibt beispielsweise Fachgruppentagungen der DGPs zu den größeren Teilbereichen der Psychologie, die alle zwei Jahre stattfinden. Einige davon sind möglicherweise nur eine Autofahrt entfernt, so dass Sie die Konferenz als Ausrede für einen Road Trip nutzen können.

4.5 Belegen Sie nützliche Kurse anderer Fachbereiche

Für viele Studenten – wie den Faulenzer mit dem Goldkettchen, der zweimal im Semester zur Vorlesung kommt – ist die Wahl ihrer Kurse so einfach, wie herauszufinden, was verlangt wird, und sicherzustellen, dass es sich nicht mit anderen Pflichtkursen überschneidet. Aber die Wahl ihrer Kurse kann für den motivierten Psychologiestudierenden mehr sein als das: Sie kann der Weg zu neuen Ideen sein, eine Möglichkeit, neue Forschungskenntnisse zu erwerben und konkurrenzfähiger zu werden. Psychologie ist die Erforschung des Verhaltens, das heißt, fast jedes Fach, das Sie in der Schule hatten, kann mit Psychologie zu einem Forschungsthema kombiniert werden. Sie mögen Sport, Kunst oder Musik? Es gibt eine Psychologie der Expertise, die sich damit befasst, wie Menschen in jedem dieser Bereiche herausragend werden. Sie interessieren sich für die Gesundheit und das Wohlbefinden? Dann werden Sie Kurse zum Gesundheitswesen, zu Pflege, Bildung, Ernährung und Sportwissenschaften finden. Sie denken über Rechtswissenschaft nach? Belegen Sie Kurse in Sozial- und Kognitionspsychologie, die das Gedächtnis von Augenzeugen, effektive polizeiliche Gegenüberstellungen und die Entscheidungsfindung besprechen. Sie können nichts falsch machen, wenn Sie einfach Kurse wählen, die Ihnen amüsant und interessant erscheinen – diese Kurse bereichern Sie als Mensch, und Sie bekommen nie wieder die Chance, Kurse einfach nur zu belegen, weil sie für Sie interessant klingen.

Wenn Sie einen gezielteren Ansatz verfolgen möchten, dann ziehen Sie Kurse in Betracht, die Kenntnisse vermitteln, mit denen Sie Ihren Lebenslauf ausbauen können, so dass Sie für ein Masterstudium oder Graduiertenprogramm, spezifischere Ausbildungseinrichtungen und den Arbeitsmarkt attraktiver werden. Beispielsweise vermeiden Psychologiestudenten häufig Mathematik. Kurse in Mathematik können Ihnen Ideen und Denkweisen vermitteln, die Sie sonst nirgendwo lernen können. Ebenso sind Statistikkurse eine sehr gute Möglichkeit, Ihre Fähigkeiten zu erweitern; pharmazeutische Unternehmen und Masterstudiengänge oder Graduiertenprogramme werden beeindruckt sein, wenn Sie analysieren können, wie sich der Wert freier Abendessen auf die Entscheidungen von Ärzten bezüglich der Auswahl verschreibungspflichtiger Medikamente auswirkt (einige Tipps, wie Sie gut mit Statistik zurechtkommen, finden Sie in Kap. 5).

Eine weitere, unterschätzte Möglichkeit ist der Besuch von ein oder zwei Kursen in Informatik. Lernen, wie man einen Computer programmiert, hört sich erschreckend an, aber in einem Anfängerkurs werden Sie sehen, dass es nicht so schwer ist. Wenn Sie den Unterschied zwischen operanter und klassischer Konditionierung lernen können, können Sie auch den Unterschied zwischen einer for-next-Schleife und einer while-Schleife lernen. Heutzutage schreiben viele Psychologen ihre eigenen Programme, um Daten zu verarbeiten, Experimente durchzuführen oder einfach nur zum Spaß. Wenn Sie wissen, wie es geht, ist das ein großes Plus für eine Bewerbung bei einem Masterstudium oder Graduiertenprogramm. Zukünftige Arbeitgeber sind ebenfalls beeindruckt von den sonderbaren Künsten, insbesondere wenn Sie – anders als einige Ihrer weniger seriösen Freunde aus der Informatik – zudem gebadet, gut gekleidet und sozial begabt auftreten.

Biologiekurse sind auch eine große Hilfe für Psychologiestudenten. Dies ist die Ära des schnellen Wachstums der Lebenswissenschaften. Biologie, Neurowissenschaften und Genetik sind ein integraler Bestandteil der modernen Psychologie. Wenn Sie einen Hintergrund in Lebenswissenschaften haben – oder zumindest wissen, was eine Transkriptions-RNA ist –, macht Sie das als zukünftigen Psychologen marktfähiger. Und sollten Sie darüber nachdenken, Medizin zu studieren, muss nicht weiter erwähnt werden, dass Grundkenntnisse der menschlichen Biologie mit Sicherheit hilfreich sind.

Abschließend gibt es an einigen Universitäten Kurse, die Psychologie beinhalten, auch wenn Psychologie nicht im Namen des Kurses vorkommt. Zum Beispiel ist ein Kurs zum Verbraucherverhalten nichts anderes als Psychologie, angewandt auf den Bereich Marketing und Business. Ein Kurs zum Verhaltensmanagement in Organisationen ist tatsächlich Psychologie, angewandt auf den Arbeitsplatz. Ein Kurs zu Bewegungs- und Sportwissenschaft beinhaltet wahrscheinlich die Psychologie motorischer Fähigkeiten, und ein Kurs zur Bildungsforschung beschäftigt sich tatsächlich mit der Lernpsychologie, angewandt im Klassenzimmer. Achten Sie auf die verborgenen Schätze. Sie können interessant sein und die Möglichkeit bieten, mehr psychologierelevante Kurse zu besuchen als solche, die im Vorlesungsverzeichnis Ihres Fachbereichs eingetragen sind – und dank Ihres umfangreichen Fachwissens in Psychologie können sie ebenfalls eine mühelose Verbesserung Ihres Notendurchschnitts sein.

4.6 Zusammenfassung

Für die erfolgreichsten Psychologiestudierenden ist Psychologie nicht einfach nur ein Studium – es ist ein Lebensstil. Das meiste, das wir in diesem Kapitel beschrieben haben, scheint optional zu sein, und das ist es. Aber mehr am Psychologielebensstil teilzuhaben, ist ein guter Weg, marktfähig zu werden als andere Studierende. Heben Sie sich von der Masse ab, indem Sie Kurse aus anderen Bereichen auswählen, zu Konferenzen und Vorträgen gehen, sich eine eigene Fachbuchsammlung aufbauen und studentischen und nationalen Organisationen beitreten.

Bald werden Sie auf ein Geheimnis stoßen – der Lebensstil der Psychologie macht Spaß. Professoren und Doktoranden jammern gerne, dass sie unterbezahlt und zu wenig anerkannt sind, wie hart sie arbeiten und wie störend es ist, jährlich für eine Konferenz nach Paris in ein Vier-Sterne-Hotel reisen zu müssen. Glauben Sie der Meckerei nicht: Wenn sie ihre Arbeit hassen würden, hätten sie vor langer Zeit gekündigt, um Marketingberater oder Statistiker zu werden. Das akademische Leben ist auf seltsame Weise vergnüglich, und als Studierender haben Sie eine Vielzahl an Möglichkeiten, viel Spaß zu haben, während Sie Ihre Fähigkeiten ausbauen. Zuletzt besteht das Vergnügen teilweise auch darin, eine Menge großartiger Menschen zu treffen, die auf dem gleichen Weg sind wie Sie selbst. Lassen Sie sich das nicht entgehen; machen Sie sich auf den Weg, sie zu finden.

Kapitel 5
Menschen und Daten analysieren: Wie man mehr von der Statistik hat

Wenn Nichtpsychologen – der wissenschaftliche Fachausdruck für normale Menschen – erfahren, dass wir Psychologen sind, witzeln sie immer: „Oh, das heißt, Sie analysieren mich jetzt; dann passe ich besser auf, was ich sage." Wir lachen in uns hinein und versuchen, ihre Bedenken auszuräumen, indem wir sagen: „Psychologen machen so etwas nicht wirklich." Aber das ist eine Lüge, eine hinterhältige Täuschung – als Professoren der Psychologie besitzen wir furchterregende Fähigkeiten des Gedankenlesens. Wir sollten dieses mystische Geheimnis nicht teilen, aber Professoren können Studierende wie eine Ausgabe des *The Economist* lesen. Der Beweis? Einer von uns hat neulich in einer Statistikvorlesung folgende Gedanken eines Studierenden intuitiv erkannt:

> Diese Uhr muss zu langsam gehen. Ich fühle mich, als ob ich schon ein Leben lang hier bin. Wer ist dieser Typ? Mag er das hier tatsächlich? Solche Sachen haben sie in der Einführungsvorlesung nicht erzählt – wir haben nur von Babys, Gehirnen und seltsamen Menschen gesprochen. Psychologie sollte nichts mit Mathe zu tun haben, deshalb heißt es ja Psychologie. Warum zwingen sie mich dazu, diese Vorlesung zu besuchen? Ist das ein weiterer griechischer Buchstabe? Ich muss mittlerweile das gesamte griechische Alphabet gelernt haben. Hm, ich frage mich, wie sie in Griechenland Statistik lernen. Wären griechische Buchstaben nicht einfach nur Buchstaben für sie? Das ist sinnlos. Selbst wenn ich tatsächlich versuchen würde, dieses Zeug zu verstehen, wie würde mir das helfen? Wie kann ich das jemals im Leben anwenden?

Aber um dies zu erkennen, brauchen Sie keine ähnlichen furchterregenden Kräfte. Dies sind normale Gedanken in Statistikvorlesungen der Psychologiefachbereiche überall im Land und auf der Welt – vielleicht mit Ausnahme von Griechenland. Kein anderes Fach des Psychologielehrplans ruft solch eine Angst hervor.

Warum verlangen Fachbereiche von den Studenten, dass sie Statistik belegen? Hier sind einige Standardantworten:

- Statistik ist notwendig, um Daten objektiv auszuwerten.
- Statistik macht Psychologie zu einer Wissenschaft.
- Sie können ohne ein Verständnis für Statistik keine Zeitschriftenartikel verstehen.
- Sie müssen Rechenfähigkeiten erlernen, um statistische Analysen durchzuführen.

Dabei ist das dunkle Geheimnis eine noch hinterhältigere Tatsache als das Gedankenlesen durch Professoren: Diese Antworten sind nicht wahr. Datenanalyse ist subjektiv und immer nachvollziehbar. Die wissenschaftliche Vorgehensweise und der Respekt vor der Beweisführung, nicht Statistik an sich, machen Psychologie zu einer Wissenschaft. Sie können Artikel verstehen, ohne die Statistik zu beherrschen; und Berechnungen sollten Computerprogramme durchführen, nicht Ihr Gehirn.

Trotz dieser falschen Vorstellungen ist das Lernen von Statistik ungeheuer wertvoll, ob Sie nun für den Rest Ihrer Karriere Auswertungen durchführen wollen oder nicht. Sie lernen, wie man eine Argumentation – ähnlich zur juristischen Beweisführung – aufbaut und aus welchen Gründen Menschen von Ihren Ergebnissen überzeugt sein sollten. Vergleichbar mit einem Angeklagten, der unschuldig ist, bis ihm das Gegenteil bewiesen wird, sind Ihre Ergebnisse zufällig, bis sie sich als systematisch erweisen. Statistische Beweisführung beinhaltet typischerweise einen dreiteiligen Ansatz: 1) Aussagekräftige Präsentation der Daten als Grafik oder Tabelle; 2) Bestimmung, wie wahrscheinlich es ist, dass Ihre Daten nicht zufällig sind; und 3) Herausfinden, wie anwendbar Ihre Ergebnisse sind.

Neben dem Aufbau einer guten Grundlage für die Ergebnisauswertung psychologischer Forschung lernen Sie, wie man eine Argumentation entwickelt und kritisiert. Dies ist eine Fähigkeit, die jeder Mensch haben sollte, und ein guter Grund, Ihre Statistikkurse ernst zu nehmen. Um Ihnen dabei zu helfen, mehr aus Ihren Statistikkursen mitzunehmen, stellt Ihnen dieses Kapitel die fünf Gebote des Statistiklernens vor. Diese fünf Gebote sind nicht in Steintafeln gemeißelt, aber Sie werden Ihnen den Anfang erleichtern.

5.1 Die fünf Gebote des Statistiklernens

5.1.1 Erstes Gebot: „Du sollst das Buch lesen, den Kurs besuchen und viele Aufgaben lösen"

In vielen Vorlesungen an der Universität weichen die Dozenten vom Lehrbuch ab und fügen zusätzliches Material ein, um das Lehrbuch zu ergänzen und die Veranstaltung interessanter zu machen. Wahrscheinlich haben sie das Lehrbuch deshalb ausgewählt, weil es die grundlegenden Konzepte sehr gut erklärt; sie möchten ihre kostbare Zeit nicht damit verschwenden, die gleichen Themen in der Vorlesung zu besprechen. In Vorlesungen zu Statistik ist dies nicht der Fall, da dort eher kein bedeutsamer Inhalt ergänzend zum Lehrbuch erklärt wird. Wenn Sie das Lehrbuch verstehen, gibt es tatsächlich keinen Grund, zu den Vorlesungen zu gehen. Warum wiederholen Statistikvorlesungen dann lediglich das Lehrbuch? Weil die Konzepte kompliziert sind und immer wieder erklärt werden müssen. Ihr Professor weiß das und hofft, dass Sie irgendwann den Stoff verstehen, wenn Sie das Buch wegen des Inhalts lesen und die Vorlesungen besuchen, um die logischen Zusammenhänge der Statistik zu begreifen.

Das Problem dabei ist allerdings, dass Studenten schnell hinter diese Wiederholung kommen. Das Ergebnis ist dann, dass viele von ihnen das Buch lesen und die Vorlesung ausfallen lassen, in die Vorlesung gehen, aber das Buch nicht beachten, oder nicht zur Vorlesung gehen und das Lesen bis zur Nacht vor der Prüfung aufschieben. Wenn Sie einigermaßen intelligent sind und Ihr Ziel eine akzeptable Note ist, kommen Sie womöglich mit einer der ersten beiden Optionen davon. Wenn Sie aber eine ausgezeichnete Note anstreben oder wenn Ihnen Kurse Probleme bereiten, dann sollten Sie den Stoff wiederholt lernen. Das heißt, Sie sollten das Lehrbuch lesen, alle Vorlesungen besuchen, Statistik mit Ihren Freunden besprechen und Statistik-Motto-Partys mit Toga-Verkleidung organisieren, die den statistischen Konzepten der Schiefe und Abweichung eine neue Bedeutung verleihen.

Aber damit ist es noch nicht getan. Selbst mit sorgfältigem Lesen und vollständiger Anwesenheit ist die beste Möglichkeit, statistische Konzepte zu beherrschen, das jeweilige Kapitel zu lesen und die Hälfte der Aufgaben vor der Veranstaltung zu bearbeiten, die Veranstaltungszeit für Fragen zu nutzen und die übrigen Aufgaben nach der Veranstaltung zu lösen. Wenn Sie dennoch Schwierigkeiten haben, sprechen Sie mit Ihrem Übungsleiter und versuchen Sie, diese zu klären. Sie können sich die Arbeit nicht für die Tage vor der Prüfung aufheben; die Arbeit muss während des Semesters kontinuierlich getan werden. Es ist unmöglich, zu viele Aufgaben zu bearbeiten. Sie sollten jede Aufgabe in Ihrem Buch und jede zusätzliche Aufgabe, die Ihnen Ihr Übungsleiter gibt, mindestens einmal bearbeiten. Wenn Sie sehr gut abschneiden wollen, dann suchen Sie nach zusätzlichem Onlinematerial für Ihr Lehrbuch und kaufen Sie sich einen Studienratgeber. Je mehr Aufgaben Sie lösen, umso weniger überrascht werden Sie in den Prüfungen sein und umso mehr können Sie im Gedächtnis behalten.

5.1.2 Zweites Gebot: „Du sollst mit anderen zusammen lernen"

Anderen zu helfen, ist eine gute Übung für das Leben und eine wesentliche in der Statistik. Lerngruppen funktionieren, vorausgesetzt sie bestehen aus den richtigen Leuten. Zum Beispiel sollte wenigstens ein Mitglied der Gruppe Statistik verstehen – viele Lerngruppen sind nichts anderes als eine Gruppe von Blinden, die Blinden den Weg zeigen. Noch wichtiger ist, dass alle Mitglieder der Gruppe das Lernen ernst nehmen, was nicht unbedingt heißen muss, dass die Gruppe an sich ernsthaft sein muss. Jeder sollte versuchen, mit den Vorlesungen mitzukommen und die Aufgaben vor und nach dem Gruppentreffen für sich selbst zu lösen.

Drei magische Dinge passieren in einer richtig zusammengesetzten Lerngruppe. Erstens zeigt sich, dass Studenten mehr von einem Mitstudenten als von einem Professor oder aus einem Lehrbuch lernen. Wir wissen nicht genau, warum – vielleicht weil sie „dieselbe Sprache sprechen" (nämlich Deutsch); vielleicht ist es die dadurch mögliche Eins-zu-eins-Betreuung; vielleicht möchten wir gegenüber unseren Freunden nicht dumm erscheinen. Zweitens verstehen Studenten die Konzepte selbst besser, wenn sie diese ihren Freunden erklären können. Probieren Sie es aus.

Gehen Sie nach irgendeiner Vorlesung nach Hause und erzählen Sie Ihrem Mitbewohner, was Sie gelernt haben. Am Ende der Unterhaltung haben Sie ein besseres Verständnis davon, worum es geht. Wahrscheinlich haben Sie eine Menge Fragen, die Sie Ihrem Professor stellen oder in Ihrem Lehrbuch nachschlagen wollen. Drittens liefern Ihnen viele Lehrbücher nicht für jede Aufgabe eine Lösung oder unterstützen nicht Ihren Weg zur Lösung einer Aufgabe. In einer Lerngruppe können Sie alle Aufgaben probieren. Wenn Sie alle zu demselben Ergebnis kommen, liegen Sie wahrscheinlich richtig. Wenn Sie unterschiedliche Lösungen finden, dann können Sie viel lernen, indem Sie sich gegenseitig erklären, wie Sie zu Ihren Ergebnissen gelangt sind.

5.1.3 Drittes Gebot: „Du sollst keine Rechenformeln verwenden"

Wenn Sie mit einem Masterstudium weitermachen, werden Sie erneut Statistik belegen. Und nicht nur einen Kurs, sondern sehr viele Kurse. Schließlich muss jemand sicherstellen, dass Professoren ihre Daten richtig auswerten. Für Master-Studierende entspricht Psychologie der Statistik. Aber lassen Sie sich dadurch nicht abbringen, sich zu bewerben: In der Statistik geht es nicht darum, Mathematik zu verstehen, sondern ein Versuchsdesign nachzuvollziehen und zu lernen, wie man eine logische Argumentation aufbaut. Computerprogramme haben der Statistik ihren mathematischen Anteil genommen. Tatsächlich werden viele von Ihnen in Ihren Bachelorkursen lernen, wie man ein Softwarepaket (typischerweise SPSS oder SAS) verwendet.

Allerdings scheint es durchaus ein bisschen Mathematik in der Statistik zu geben. Wir glauben, dass Sie sich zwei Arten der Mathematik gegenübersehen: zum einen der Mathematik, die Ihnen helfen wird, die Konzepte zu verstehen – *konzeptuelle Formeln* –, und zum anderen der Mathematik, die keinen bildenden Zweck hat – *Rechenformeln*. Lassen Sie uns diesen Punkt an dem wichtigen und doch einfachen Begriff der Quadratsumme erklären. Die Quadratsumme wird verwendet, um zu messen, wie sich Werte voneinander unterscheiden. Werte, die nahe beieinander und zwischen 9 und 11 liegen, haben kleinere Quadratsummen als Werte, die weit voneinander entfernt sind und zwischen 0 und 20 variieren. Wie finden Sie die Größe der Quadratsumme heraus? Sie kommen auf diese, indem Sie berechnen, wie weit jeder Wert vom Mittelwert entfernt ist. Das ist einfach. Wenn der Mittelwert 10 beträgt und der Wert 8, dann sind beide zwei Einheiten voneinander entfernt. Machen Sie dies für jeden Wert. Achten Sie darauf, dass diese Differenzen klein sind, wenn die Werte nahe am Mittelwert liegen, aber für vom Mittelwert weit entfernte Werte groß sind. Jetzt berechnen Sie das Quadrat all dieser Differenzen. Das ist ebenfalls einfach, insbesondere dann, wenn Sie einen Taschenrechner zur Hand haben. Achten Sie wieder darauf, dass Werte, die ursprünglich nahe am Mittelwert lagen, kleine quadrierte Differenzen haben, aber Werte, die weit vom Mittelwert entfernt lagen, große quadrierte Differenzen. Anschließend addieren Sie alle quadrierten Differenzen und beobachten erneut, dass die Summe aller quadrierten Differenzen größer ist, wenn die Originalwerte weiter vom Mittelwert entfernt lagen, als wenn sie nahe um den Mittelwert verstreut waren. Ihr Statistikprogramm kann dies für Sie erledigen, aber diese grundlegenden Schritte zu lernen, ermöglicht Ihnen ein intuitives Verständnis für das Konzept der Quadratsumme: Die Quadratsumme ist größer, wenn die Zahlen weiter vom Mittelwert entfernt sind. Konzeptuelle Formeln sind gut.

Es gibt ebenfalls eine Rechenformel zur Berechnung der Quadratsumme. Rechenformeln sind kurze Wege, die angeben, wie man die Statistik von Hand berechnet. Wir finden diese Formeln schlecht, weil sie die Konzepte verschleiern: Sie sind einfach zu berechnen, aber schwer zu verstehen. Ein Computer macht diese Berechnungen für Sie, also warum sich die Mühe machen, sie zu lernen? Zum Beispiel sieht die Rechenformel für Quadratsummen so aus: Quadrieren Sie alle Originalwerte und addieren Sie diese. Dann subtrahieren Sie davon die Quadratsumme der Originalwerte geteilt durch die Anzahl der Werte. Diese Formel ist einfach nachzuvollziehen, aber was hat sie damit zu tun, wie nahe die Werte aneinanderliegen?

Wenn ein Lehrbuch oder Ihr Professor Ihnen die Möglichkeit bietet, Rechenformeln zu benutzen, schauen Sie weg; sehen Sie diese durch eine Verdunklungsbrille an, wenn notwendig. Konzeptuelle Formeln sind besser, weil Sie Ihnen dabei helfen, die Konzepte zu lernen. Im Masterstudium geht es in der Statistik darum, die Konzepte zu verstehen – die zufälligerweise hauptsächlich auf den Quadratsummen basieren. Niemand wird von Ihrer Fähigkeit beeindruckt sein, Rechenformeln zu verwenden.

5.1.4 Viertes Gebot: „Arbeitgeber werden eine statistische Ausbildung schätzen"

Die meisten Studenten belegen Statistikkurse, weil der Lehrplan sie dazu zwingt. Nachdem sie die geforderten Kurse überlebt haben, nehmen sie sich vor, Statistik für den Rest ihrer Jahre an der Universität und ihres Arbeitslebens zu vermeiden. Was ist dann die Motivation, gut in Statistik zu sein? Ein Grund für Arbeitgeber, Psychologieabsolventen einzustellen ist, dass sie als Studenten zu Kursen in Statistik und Forschungsmethoden gezwungen wurden. Statistik mag für den Job nicht gefordert sein, aber Arbeitgeber nehmen an, dass der Kurs schwer und der Stoff spezialisiert ist. Zeigen Sie ihnen, dass Sie Statistik gut können, und sie werden Sie auf die Überholspur zu Reichtum und Ruhm schicken.

Entscheidend ist es, Ihre Fähigkeiten richtig zu verkaufen, die Sie in den Statistikkursen gelernt haben. Haben Sie Zahlen in eine Tabelle eingegeben? Dann haben Sie Erfahrung im Datenmanagement. Haben Sie einen t-Wert berechnet? Das ist Datenauswertung. Wissen Sie, wann Sie welche geeignete statistische Methode verwenden? Das ist ein Hauptaspekt des Versuchsdesigns. Verstehen Sie das Testen von Hypothesen? Das ist abstraktes Schlussfolgern. Haben Sie ein Statistik-Computerprogramm benutzt? Dann haben Sie die Fähigkeit, neue Programme zu lernen. In der Statistik geht es nicht um Mathematik: Es geht um Forschung, Schlussfolgern und Argumentation; es geht darum, vorhandene Informationen auf andere Zusammenhänge zu verallgemeinern. Kenntnisse in Statistik zeigen die Befähigung zum logischen Denken. Arbeitgeber wissen das, entweder weil sie selbst Statistik gelernt haben und deren Wert kennen oder weil sie keine Statistik gelernt haben und sich vorstellen, dass es schwer sein muss. Wenn Ihr Chef einen Abfall des durchschnittlichen Gewinns pro Verkauf beklagt, können Sie den Tag retten, indem Sie vor Ausreißern warnen und betonen, dass der Median des Gewinns angestiegen ist.

5.1.5 Fünftes Gebot: „Du sollst Dein statistisches Wissen im täglichen Leben anwenden"

Wir möchten Ihnen nicht den Eindruck vermitteln, dass Statistik an sich in der realen Welt keine Rolle spielt. Das Wissen aus Ihrem Grundlagenkurs in Statistik können Sie gut gebrauchen. Wenn Sie die Ergebnisse einer aktuellen politischen Umfrage sehen, können Sie Sätze wie „Diese Umfrage spiegelt einen Fehlerbereich von drei Punkten wider" verstehen (*Konfidenzintervalle*). Sie können erklären, warum das Restaurant, in dem Sie beim ersten Mal ausgezeichnet gegessen haben, beim zweiten Mal nur noch gut war (*Regression zur Mitte*). Sie wissen, warum persönliche Bezeugungen – „Urintrinken hat mich von der Schuppenflechte geheilt!" – nicht aussagekräftig sind (*Größe der Stichprobe und Zufallsauswahl*).

Außerdem werden Sie klüger im Umgang mit Informationen. Sie werden dem Ratschlag von angeblichen Experten nicht blind vertrauen, ohne die Fakten zu hinterfragen. Wenn Dr. Gauss behauptet, dass Menschen nicht schlauer sind als Frettchen, können Sie die Validität der Behauptung in Frage stellen. Wurden genügend Menschen und Frettchen getestet (*Power*)? Stellen die Teilnehmer eine angemessene Repräsentation der Bevölkerung dar (*Zufallsstichprobe*)? Und wenn Dr. Bayes mit seinen Forschungsergebnissen dagegenhält, dass Frettchen tatsächlich schlauer sind, berichtet er dann, wie viel schlauer (*Effektgröße*)? Die ganze Welt gibt eine Reihe widersprüchlicher Ratschläge – probieren Sie es beispielsweise mit einer Internetrecherche zu der Frage, wie man am besten abnimmt –, was zum Teil daran liegt, dass wenige Menschen Statistik und Forschungsmethoden verstehen.

5.2 Furchtlose Hilfsmittel für die furchterregten Statistikstudenten

Damit Sie mehr von Ihrem Statistikkurs profitieren können, sollten Sie neben dem Lehrbuch auch andere Bücher nutzen. Das vorgeschlagene Lehrbuch zu lesen, ist die Mindestanforderung; das Lesen zusätzlicher Bücher wird ein fürchterliches, statistisches Können aufbauen. Sie werden von einem zweiten Buch profitieren, weil das geforderte Lehrbuch wahrscheinlich langweilig ist: Autoren statistischer Lehrbücher sind nicht für ihre anschauliche, einnehmende Prosa bekannt. Ein anschaulicheres Buch wird die wesentlichen Konzepte verstärken und Ihnen eine andere Perspektive auf den Stoff geben. Unser Anhang listet einige Bücher auf, die wir als hilfreich empfunden haben. Ihre Universitätsbibliothek hat sicherlich einige von ihnen vorrätig, und in Ihrem Regal mit Fachbüchern ist vermutlich noch Platz für ein oder zwei von diesen.

5.3 Zusammenfassung

Einige Psychologiestudenten lieben Statistik; die meisten finden Statistik wenig inspirierend oder frustrierend. Viele Studenten streben lediglich das reine Überleben an – sie möchten durch Statistik durchkommen, um die „richtigen Psychologieveranstaltungen" besuchen zu können. Aber Statistik ist essentiell für das Verständnis der Psychologie und die Funktionsfähigkeit als sachkundiger Mensch in einer Gesellschaft mit einer hohen Informationsdichte – es gibt Gründe dafür, warum im Prinzip jeder Psychologiefachbereich Statistik- und Methodenkurse verlangt. Statistik mag nie Ihr Freund werden, aber sie kann Ihr kumpelhafter Nachbar sein. Wie das Ordnen Ihres Kleiderschrankes, ist Statistik seltsamerweise erfreulich, wenn Sie erst einmal damit angefangen haben – also gehen Sie hin und multiplizieren, standardisieren und regredieren Sie.

Kapitel 6
Primärquellen: Wie man Zeitschriftenartikel finden, lesen und verstehen kann

Für den Fall, dass Sie auf einer der zwölf übrig gebliebenen Rinderfarmen leben, die keinen Zugang zum Internet haben, der moderne Nachfolger der Enzyklopädie ist eine freie Online-Ressource namens Wikipedia. Diese ist wie eine Enzyklopädie – diese große Reihe von Büchern, die das gesamte menschliche Wissen in mundgerechten alphabetischen Einträgen umfasst –, nur dass die einzelnen Themengebiete nicht von Experten geschrieben werden, sondern gemeinschaftlich von Leuten, die zufällig zu viel freie Zeit haben. Aufgrund der demokratischen Art der Beteiligung spiegelt Wikipedia genau wider, welche Themen die Leute interessieren. Deshalb kann man einen 1.400 Worte umfassenden Eintrag zur *analysis of variance* (ANOVA; „Varianzanalyse") lesen, einem statistischen Verfahren, das in den ersten Semestern zu fast jedem Bachelorstudium in Psychologie gehört, oder einen gleichermaßen gut recherchierten, 11.600 Worte umfassenden Eintrag zum *Roswell UFO incident* (Bericht über den Absturz eines unbekannten Flugobjekts in Roswell, New Mexico, im Jahre 1947).[1]

Wenn Sie die aktuellsten und besten Ideen der Psychologie lesen möchten, müssen Sie direkt auf Primärquellen zugreifen: Zeitschriftenartikel und Buchkapitel. Wikipedia mag keine schlechte Wahl sein, um Ihre Suche zu beginnen, aber wenn Sie es dabei belassen, werden Sie nicht weit kommen. Gute Forschungsideen bekommen Sie durch das Lesen der Arbeiten von Wissenschaftlern, nicht durch das Lesen eines Internetartikels über die Psychologie der Musik, zusammengeschustert von den Mitgliedern eines Schülerchors nach ihrer abendfüllenden Best-of-Show der Musical-Highlights von *Das Phantom der Oper* bis zu *Tarzan*. Primärquellen zu finden, hört sich einfach an, aber es steckt mehr dahinter, als Sie vielleicht denken. In Ihrer Schulzeit haben Sie sich wahrscheinlich einfach ein paar kurze Zeitschriftenartikel zu einem Thema besorgt, die guten Teile gelesen und dann dazu einen Aufsatz geschrieben. Richtige Forschung erfordert, dass Sie lange, technische Artikel lesen, aus ihnen lernen und dann anhand dieser Artikel weitere Artikel finden. Sie sollten erst dann aufhören zu lesen, wenn Sie das Themengebiet gut kennen.

---

[1] Zum Vergleich: Ein Wikipedia-Eintrag mit ungefähr der gleichen Wortanzahl wie derjenige zur ANOVA ist der Eintrag zu *Treehouse of Horror XIII*. („Das Baumhaus des Schreckens XIII."). Andere interessante Themen sind *Berner Sennenhund* (800 Wörter) und *Ninja* (1.600 Wörter).

Selbst dann werden Ihre eigenen Artikel immer noch umso besser sein, je mehr Sie lesen. Dieses Kapitel bespricht, wie man relevante Primärquellen findet, wie man sein Wissen über ein Thema ständig vertieft und wie man beurteilen kann, welche Primärquellen nützlich sind. Es gibt Ihnen ebenfalls einige Tipps für das Lesen von Artikeln und wie Sie im Artikel das finden, was Sie wissen möchten, unter Umständen ohne jedes einzelne Wort des Artikels zu lesen.

6.1 Bibliothekare und Bibliotheken

Genauso wie Studenten Alpträume über die schlimmsten ihrer Professoren haben, so haben auch Professoren Alpträume über die schlimmsten ihrer Studenten. Ein wiederkehrender Professorenalptraum sieht ungefähr so aus: Ein Bachelorstudent im fortgeschrittenen Semester kommt in die Sprechstunde, um Hilfe beim Schreiben eines Forschungsartikels zu erbitten. Die Abgabefrist für den Artikel ist natürlich am nächsten Tag. Der Professor schlägt dem Studenten einige Artikel zum Lesen vor und schickt ihn in die Bibliothek. Der Student sagt daraufhin: „Moment mal, wir haben eine Bibliothek? Wo ist die denn? Irgendwo hier auf dem Unigelände?" Wenn das nach Ihnen klingt, sollten Sie als Erstes einen Plan des Unigeländes auftreiben und herausfinden, wo die Bibliothek ist. Ihr erstes und vielleicht wichtigstes Werkzeug bei der Literaturrecherche gibt es nämlich nur in der Bibliothek selbst – eine Gruppe von Menschen bekannt als *Bibliothekare*. Bibliothekare sind diese im Schatten lebenden, gelangweilt aussehenden Gestalten, die hinter einem Tisch mit dem Schild „Information" herumstehen. Gelegentlich flüstern ihnen nervöse Erstsemesterstudenten etwas zu, und sie lächeln, führen sie irgendwohin und kommen alleine wieder zurück. So erschreckend das auch klingen mag, Bibliothekare führen insgeheim ein Leben stiller Verzweiflung, ohne die Hoffnung zu verlieren, dass ein junger Student kommt und sie etwas anderes fragt als „Wo ist die Toilette?". Sie sind Botschafter der Bibliothek, felsenfest davon überzeugt, dass sie Ihr Leben zum Besseren verändern könnten, wenn man sie nur lassen würde. Sie wissen, wie jede Datenbank im Computersystem der Bibliothek funktioniert, was „BF636.S 767 2006c.1" bedeutet und wie man Literaturquellen findet, von deren Zugang nur Psychologen träumen können. Wenn Sie bei der Suche in einer der hier angesprochenen Datenbanken nicht weiterkommen, bitten Sie einen Bibliothekar um Hilfe. Aber seien Sie höflich, wer weiß, was mit den Erstsemesterstudenten hinter den Bücherregalen passiert?

Früher einmal haben Literaturrecherchen in der Bibliothek begonnen. Heute ist das nicht mehr so. Gewöhnlich beginnen sie heute auf der Webseite Ihrer Universitätsbibliothek. Wenn Sie einmal die Bibliotheksseite gefunden haben, sehen Sie sich nach den Datenbanken um. *Datenbanken* sind computerbasierte Werkzeuge, die Informationen enthalten. Jede Seite mit Informationen ist auch als *Datenbankeintrag* (*record*) bekannt. Die meisten Datenbanken haben eine Suchzeile, in die man eingeben kann, wonach man sucht. Sie werden eine Menge Einträge vorfinden, durch die Sie sich wühlen und die Sie per E-Mail an sich selbst schicken oder ausdrucken können. Für gewöhnlich können Sie eingrenzen, welche Art von Informationen Sie suchen. Wenn Sie nach einem bestimmten Autor suchen, verwenden Sie das Suchfeld „Autor". In den meisten Fällen werden Sie mit einem Stichwort (*keyword*) und somit nach Datenbankeinträgen zu diesem Begriff suchen. Wenn Sie schon einmal im Internet gesucht haben, dann wissen Sie ja bereits, wie das funktioniert.

Ihr Bibliothekskatalog ist eine nützliche Datenbank. Wenn Sie den Bibliothekskatalog durchsuchen, finden Sie die entsprechenden Einträge zu Büchern. Jeder Datenbankeintrag enthält alle wichtigen Details über ein Buch, inklusive Titel, Autor, Jahr und Ort der Veröffentlichung sowie Signatur. Die Signatur gibt Ihnen an, wo Sie das Buch in der Bibliothek finden können. Manchmal ist die Suche nach Büchern ein guter Anfang, etwas über ein Themengebiet zu lernen. Wenn Sie beispielsweise an der Signalentdeckungstheorie (*signal detection theory*) interessiert sind, können Sie mit den Stichwörtern *Signalentdeckung* und *Psychologie* in Ihrem Bibliothekskatalog recherchieren; damit erhalten Sie eine Liste von Büchern, die Sie zur Signalentdeckungstheorie lesen können. Jedes der gefundenen Bücher über Signalentdeckungstheorie kann passend sein, aber einige Begriffe im Titel wie *Einführung in*, *Lehrbuch* und *Handbuch von* weisen auf eine einfache Lektüre hin.

6.2 Zeitschriftenartikel finden mit PsycINFO

In der Regel sind Bücher für den Anfang nicht die beste Wahl, da sie oftmals rasch veraltet sind. Die aktuellste und beste Forschung werden Sie in von Experten begutachteten Artikeln (*peer-reviewed articles*) finden, das heißt, Sie müssen nach Zeitschriftenartikeln suchen. Zeitschriften (*journals*) sind wie Magazine, nur dass sie Artikel über wissenschaftliche und akademische Arbeiten enthalten und schockierend wenige Fotos von berühmten Babys zeigen. Die gute Sache an Zeitschriften ist, dass sie Artikel von Menschen (üblicherweise Professoren) veröffentlichen, die eine Menge über ein Thema wissen und es geschafft haben, einen so guten Artikel zu schreiben, dass mindestens drei andere Experten überzeugt waren, dass dieser Hand und Fuß hat.

Sie können die meisten Artikel zu Psychologie mit Hilfe der Datenbank PsycINFO finden, die von der APA veröffentlicht wird. PsycINFO funktioniert genauso wie Ihr Bibliothekskatalog, nur dass die gefundenen Einträge Zeitschriftenartikel sind. Ein guter Ausgangspunkt ist, ein Stichwort zu Ihrem Thema einzugeben und dann als zweites Stichwort *review* („Übersicht", „Rückblick") hinzuzufügen. Wenn Sie einen Artikel finden, der den Forschungsstand Ihres Themas bespricht, ist dies ein guter Ausgangspunkt. Wenn nicht, dann entfernen Sie das Wort *review* und suchen Sie nach einem relativ neuen Artikel in einer guten Zeitschrift. Wir kommen später näher darauf zu sprechen, wie Sie erkennen können, welche Zeitschriften gut sind. Einige Zeitschriften veröffentlichen hauptsächlich Überblicksartikel (*review papers*) wie beispielsweise *Psychological Bulletin*, *Psychological Review* und *Review of General Psychology*. Gleichermaßen veröffentlicht die Buchreihe *Annual Review of Psychology* sehr umfassende Überblicksartikel zu manchen Themen, und

Zeitschriften wie *Psychonomic Bulletin and Review* publizieren einige lange Übersichtsartikel. Wenn Sie dort keinen Überblicksartikel finden, dann entdecken Sie vielleicht ein Buchkapitel mit einer Rückschau zu einem bestimmten Thema. Falls nicht, so haben auch die meisten Artikel einen kurzen Literaturrückblick in der Einleitung und zitieren häufig einen Übersichts- oder Theorieartikel.

Für jeden Artikel ist ein Abstract im jeweiligen Datenbankeintrag angegeben. Ein Abstract ist eine kurze Zusammenfassung, gewöhnlich mit nicht mehr als 150 Wörtern, worum es in dem Artikel geht. Wählen Sie einige interessante Einträge aus und rufen Sie die dazugehörigen Artikel auf. Wie können Sie diese abrufen? Wenn Sie Glück haben, hat Ihre Bibliothek ein Feld im Datenbankeintrag, auf dem so etwas wie „Diesen Artikel elektronisch abrufen" steht. Sie können diesen dann ansehen, indem Sie einfach das Feld anklicken. Manchmal jedoch müssen Sie den Namen der Zeitschrift, das Jahr, den Band und die Seitenzahl aufschreiben und die Zeitschrift in der Bibliothek suchen. Die Suche nach einer bestimmten Zeitschrift erfordert üblicherweise die Eingabe des Zeitschriftentitels in Ihren Bibliothekskatalog. Gelegentlich gibt es auch eine getrennte Datenbank für Zeitschriften. Wenn Sie erst einmal die Zeitschrift gefunden haben, ist diese, wenn Sie Glück haben, online verfügbar, und Sie können die Datei herunterladen. Wenn die Zeitschrift nicht online verfügbar ist, sollten Sie die Signatur aufschreiben und in die Bibliothek gehen. Sollten Sie Probleme haben, dann sind Ihre Bibliothekare eine gute Anlaufstelle. Diese sind Experten für die Arbeit mit Datenbanken und helfen Ihnen gerne.

6.3 In der Zeit vor und zurück gehen: Recherche nach zitierter Literatur

Wenn Sie erst einmal einige Artikel zu einem Thema gefunden haben, dann ist es einfach, mehr dazu zu finden. Sie können nachsehen, wen der Autor des Artikels zitiert hat und die für Sie relevanten Artikel in der Literaturliste (*reference list*) nachschlagen. Dadurch reisen Sie in der Zeit zurück zu früheren Artikeln. Oder Sie können in der Zeit nach vorn zu neueren Artikeln gelangen, indem Sie herausfinden, wer diesen Artikel zitiert hat. Die Chancen stehen gut, dass einige der Artikel, die den Ihnen vorliegenden Artikel zitieren, ein ähnliches Thema behandeln.

Um in der Zeit vor zu gehen, können Sie den Social Science Citation Index (SSCI) verwenden, eine Datenbank, mit der Sie Artikel finden können, die die spannendsten Artikel zitieren, die Sie zu einem Thema bereits gelesen haben. Im SSCI können Sie den Namen eines Autors in einem seltsamen Format eingeben und alle Artikel von dieser Person finden. Wenn Sie zum Beispiel wissen möchten, welche verzweifelten Seelen den zweiten Autor dieses Buches zitiert haben, dann würden Sie nach *DELANEY PF* im SSCI suchen. Dieser gibt Ihnen dann eine Liste mit Artikeln des Autors aus, sortiert nach Jahr der Veröffentlichung und Zeitschrift. Die Namen der Zeitschriften sind alle abgekürzt, so dass sie möglicherweise schwer zu identifizieren sind. Allerdings können Sie innerhalb des SSCI eine Liste mit Zeitschriften finden und so nachsehen, welche Abkürzung zu welcher Zeitschrift gehört – oder Sie können versuchen, sie zu erraten, und das Beste hoffen.

6.4 Frei, aber fehlerhaft: Webbasierte Hilfsmittel

Studenten mögen frei erhältliche Sachen – wir auch. Zum Zeitpunkt des Schreibens sind alle Hilfsmittel auf http://www.google.com frei verfügbar und werden durch Werbung getragen. Jeder kennt die Internetsuchmaschine Google. Sie ist ein gutes Hilfsmittel, aber nicht die beste Möglichkeit zur Suche psychologischer Fachliteratur. Zum Beispiel führt die Suche nach *working memory and attention* („Arbeitsgedächtnis und Aufmerksamkeit") zu einigen seltsamen Webseiten über mentale Fitness, die anscheinend etwas verkaufen wollen – kein guter Ausgangspunkt für wissenschaftliche Überlegungen. Die Google-Suchmaschine entdeckt zwar möglicherweise unveröffentlichte Artikel, die Autoren auf ihre eigenen Webseiten gestellt haben, aber Sie werden wahrscheinlich mehr verpassen, als Sie finden werden. Andere Internetsuchmaschinen haben dieselben Probleme. Sie wurden nicht entworfen, um wissenschaftliche Artikel zu katalogisieren, sondern um die beliebtesten Inhalte im Internet zu finden.

Ein weiteres freies Online-Hilfsmittel ist Google Scholar, das teils ähnliche Funktionen bietet wie SSCI und teils ähnliche Funktionen wie PsycINFO. Sie können publizierte Artikel zu einem bestimmten Thema per Stichwort suchen oder nachsehen, wer diese Artikel zitiert hat, und haben Zugang zu den damit verbundenen Einträgen. Wenn Sie Glück haben, sind diese mit dem Volltext des gewünschten Artikels verlinkt. Der Vorteil von Google Scholar ist, dass es frei zugänglich ist. Anders als PsycINFO sind in diesem Verzeichnis auch Zeitschriftenartikel aus Bereichen außerhalb der Psychologie aufgenommen. Wenn Sie also neugierig sind, ob Leute in Wirtschaftswissenschaften einen bestimmten Artikel zitiert haben, können Sie das hier herausfinden. Der Nachteil ist, dass es bei weitem kein vollständiges Verzeichnis aller Zeitschriftenartikel darstellt, die veröffentlicht wurden. PsycINFO besitzt eine breitere und bessere Erfassung der publizierten Artikel in Psychologie.

6.5 Welcher Artikel eignet sich am besten zum Lesen?

Ausgehend von der Feststellung, dass einige Artikel besser sind als andere, ist es gut zu wissen, welche die besten Zeitschriften in einem bestimmten Bereich der Psychologie sind. Generell werden bessere Artikel in besseren Zeitschriften veröffentlicht, das heißt, die Artikel in den Topzeitschriften auszuwählen, ist eine gute Strategie. Aber woher wissen Sie, welche Zeitschriften gut sind? Eine Möglichkeit ist, Ihren Betreuer, einen Masterstudenten, Doktoranden oder andere kenntnisreiche Leute danach zu fragen. Oder Sie können sich Zeitschriften ansehen, die von den größeren wissenschaftlichen Gesellschaften herausgegeben werden – wie beispielsweise von der American Psychological Association und der Association for Psychological Science –, da diese stets angesehen sind. Aber mit diesen Methoden können Sie nicht *jede* gute Zeitschrift finden; und sie funktionieren nicht, wenn Sie an etwas anderem interessiert sind als dem Themenbereich Ihres Betreuers. Möglicherweise möchten Sie wissen, welche Zeitschriften in einem unbekannten Bereich gut sind. Zum Beispiel könnten Ihre Eltern medizinische Probleme haben, und Sie würden gerne wissen, welche Zeitschriften für Endokrinologie gut sind, um sich Kenntnisse über deren Problem zu verschaffen.

Um herauszufinden, welche Zeitschriften in einem Wissenschaftsbereich gut sind, können Sie eine andere Datenbank aufsuchen, die wahrscheinlich über Ihre Bibliothek verfügbar ist – das ISI Web of Science, herausgegeben von Thomson Scientific. Das Web of Science beinhaltet eine Funktion namens „Journal Citation Reports", bei der man einen Forschungsbereich auswählen und herausfinden kann, welche Zeitschriften in diesem Bereich gut sind. Wenn Sie das Web of Science aufrufen, sehen Sie oben auf Ihrem Bildschirm ein Pulldown-Menü. Verwenden Sie dieses, um „Journal Citation Reports" und „Social Science Edition" auszuwählen. Sie können das Web of Science nutzen, um alle Zeitschriften in einer Themenkategorie aufzulisten oder über den Namen nach einer bestimmten Zeitschrift zu suchen. In beiden Fällen sehen Sie verschiedene Statistiken für jede Zeitschrift. Die Sie interessierende Statistik ist der *impact factor* („Einflussfaktor"), der annähernd schätzt, wie oft Artikel dieser Zeitschrift in einem Jahr von anderen veröffentlichten Artikeln zitiert wurden – je häufiger, desto besser. Eine gute Faustregel für Zeitschriften der experimentellen Psychologie (außer Zeitschriften der Neurowissenschaft) ist, dass ein Impact Factor von zwei oder höher eine Spitzenzeitschrift ist. Eine Zeitschrift mit einem Impact Factor niedriger als eins wird wahrscheinlich von kaum jemandem gelesen. Allerdings muss dies nicht heißen, dass es sich um einen schlechten Artikel handelt, nur weil dieser im *The Southeastern Belgian Transactions on Edutainment* veröffentlicht wurde. Solide Artikel landen manchmal in schwachen Zeitschriften, aber eine gute Taktik ist, mit den besten Zeitschriften zu beginnen und sich nach und nach auf der Liste nach unten zu arbeiten.

6.6 Informationsgewinnung ohne Qual: Wie man einen Artikel liest

Es ist ein weit verbreitetes Gerücht, dass in manchen Ländern unglückselige Gefangene gezwungen werden, Zeitschriftenartikel zu lesen. Sobald Sie Ihre erste Zeitschrift aufgeschlagen haben, werden Sie schnell feststellen, warum – es kann eine Qual sein, diese Artikel zu lesen. Sie sind bei weitem nicht so verständlich wie Lehrbücher, die von Professoren geschrieben werden, die sich darum bemühen, dass ihre Leser sie verstehen. Zeitschriftenartikel sind typischerweise in einem trockenen, unübersichtlichen und sperrigen Stil verfasst und häufig voller bizarrer Fachausdrücke und undurchsichtiger Statistik. Glücklicherweise besitzen Zeitschriftenartikel, die Experimente beschreiben, eine formelhafte Struktur. Wie ein Liebesroman folgen sie einem Standardschema. Wenn Sie erst einmal das Schema kennen, können Sie alle Informationen, die Sie brauchen, mit wenig Quälerei herausfiltern.

Studenten nehmen in der Regel an, dass einen Artikel lesen bedeutet, auf der ersten Seite zu beginnen und sich bis zur letzten Seite durchzuackern. Im Gegensatz dazu springen wir normalerweise direkt an das Ende der Einleitung (*Introduction*) –

zu dem Teil unmittelbar vor der Methode (*Method*). Die letzten ein oder zwei Abschnitte vor der Methode erklären, was die Autoren herausfinden wollten und wie sie dabei vorgegangen sind. Probieren Sie es aus – wählen Sie einen Zeitschriftenartikel und lesen Sie diesen Absatz. Anschließend werden Sie wissen, worum es in dem Artikel geht.

Sobald Sie wissen, was die Forscher testen wollten, machen Sie für sich selbst einige Notizen und springen Sie dann zum Ende des Artikels. Die ersten paar Absätze des Abschnitts „Allgemeine Diskussion" (*General Discussion*) berichten Ihnen, was die Autoren herausgefunden haben, so dass dies eine gute Stelle ist, um weiterzulesen. Dort wird beschrieben, welche Teile ihrer Arbeit die Autoren für die wichtigsten halten. Notieren Sie sich auch hierzu ein paar Stichpunkte, damit Sie nichts vergessen. Als Nächstes sollten Sie sich auf die Ergebnisse stürzen. Allerdings brauchen Sie diese nicht gleich zu lesen. Schauen Sie sich die Abbildungen und Tabellen an. Die Autoren waren so stolz auf diese Daten, dass sie diese in schöne Kästen gesetzt haben, frei von umgebendem Text. Betrachten Sie die Daten, um zu erkennen, was herausgefunden wurde, und versuchen Sie dann zu verstehen, was diese Daten bedeuten. Auf diese Weise erhalten Sie zwar kein Gesamtbild der Studienergebnisse, aber Sie können einen guten Eindruck davon gewinnen, was die Autoren Ihnen vermitteln wollten.

Dies ist eine gute Stelle innezuhalten und eine Entscheidung über das Lesen der übrigen Teile des Artikels zu treffen. War es aussagelos? Wenn ja, nehmen Sie einen anderen Artikel. Wenn Sie etwas lernen könnten, dann tauchen Sie ein und lesen Sie den ganzen Artikel, gewappnet mit dem Vorwissen, worum es geht. Zugegebenermaßen überfliegen wir die Methode selbst dann manchmal nur. Letztendlich interessiert uns nicht wirklich, ob die Forscher die Wörter auf ihrem Computer in einer schwarzen 18-Punkt-, serifenlosen Schrift mit einem J++ Programm dargeboten haben. Wir möchten nur so viel über ihre Methode erfahren, dass wir verstehen, ob sie ihre Sache richtig gemacht haben oder nicht.

6.7 Zusammenfassung

Die Welt des Wissens jenseits von Wikipedia ist riesig – erforschen Sie diese. Gehen Sie auf Ihren Bibliothekar zu, nutzen Sie Datenbanken wie PsycINFO zur Artikelsuche und verwenden Sie gefundene Artikel, um wieder neue Artikel zu finden. Folgen Sie der Literatur vor und zurück in der Zeit, indem Sie weitere Datenbanken nutzen. Und wenn Sie eine Menge freier Zeit haben, können Sie sogar die Wikipedia-Seite zu Ihrem Thema aktualisieren. Schließlich haben Sie alle Quellen bereits zu Hause gesammelt.

Kapitel 7
Forschungsartikel schreiben

Wissenschaftliches Schreiben – wie Skateboardfahren, Stricken und der Heimlich-Handgriff – ist schwieriger, als es aussieht. Wenn Sie wissenschaftliche Artikel für Ihre Seminare gelesen haben, dann können Sie das vielleicht schwer glauben. Wie kann etwas so Langweiliges und Humorloses schwierig sein? Kommen Eintönigkeit und Obskurität nicht auf natürliche Weise zu Professoren? Wir verstehen, wenn Sie skeptisch sind, aber wir wissen, dass Sie uns zustimmen, wenn Sie zum ersten Mal einen Forschungsantrag, wissenschaftlichen Artikel, Projektabschluss oder Ihre Abschlussarbeit schreiben müssen.

Wissenschaftliches Schreiben ist nicht wie alltägliches Schreiben. Erstens müssen Sie auf Englisch schreiben, nicht auf Deutsch, und Sie können nicht wie in einer Kurznachricht einfach Abkürzungen und Emoticons aneinanderreihen. Wir sehen Zeichensetzung und Großbuchstaben in Ihrer Zukunft. Zweitens müssen Sie den Stil der American Psychological Association, bekannt als APA-Stil, beachten. Wenn Sie Regeln gerne sklavisch befolgen, dann mögen Sie den APA-Stil. Und drittens werden die Menschen, die Ihre wissenschaftlichen Artikel lesen, Ihre Intelligenz und Gewandtheit anhand der Qualität Ihres Schreibens beurteilen. Jetzt ist der Druck spürbar.

In diesem Kapitel beschreiben wir, wie Sie einen soliden Forschungsartikel schreiben, der Ihre Professoren und Forschungsbetreuer beeindrucken wird. Unser Rat basiert dabei auf zwei Annahmen über Sie. Erstens sind Sie wahrscheinlich nicht gut im Schreiben. Sie mögen vor Wut schnauben, aber wir möchten nicht gemein sein. Sicherlich hatten Sie einfach kein gutes Training im Schreiben. Haben Ihre Psychologiekurse Sie auf das wissenschaftliche Schreiben vorbereitet? Zweitens haben Sie wahrscheinlich keine Erfahrung mit wissenschaftlichem, psychologischem Schreiben. Sofern Sie keine außergewöhnlich guten Bachelorkurse im Schreiben hatten, müssen Sie die harten Grundlagen lernen.

7.1 Warum schreiben Psychologen Forschungsartikel?

Warum überhaupt Forschungsartikel schreiben? Wissenschaftliches Schreiben ist hart und unangenehm – warum diese Schwierigkeiten durchmachen? Warum Ihre Forschung nicht auf Ihrem Blog veröffentlichen? Die Antwort ist einfach. Stellen

Sie sich vor, Sie sind Praktikant bei einem Abgeordneten, und Ihre Aufgabe ist es, wissenschaftliche Forschung zu den Effekten von Förderprogrammen im Kindergarten auf den akademischen Erfolg zu finden. Eine schnelle Suche über PsycINFO ergibt einen im *Psychological Bulletin* veröffentlichten, relevanten Überblicksartikel; eine schnelle Internetsuche ergibt einen langen Blogeintrag zu diesem Thema. Was würden Sie bevorzugen? Sie wissen, dass der *Psychological Bulletin* Experten bittet, jeden eingereichten Artikel genau zu prüfen, und von den Autoren verlangt, Änderungen aufgrund der Kommentare von Experten vorzunehmen, ein Prozess bekannt als Expertenbegutachtung (*peer review*). Nur etwa 30 % der eingereichten Artikel werden zur Veröffentlichung angenommen, das heißt, die Qualitätsstandards sind hoch. Und Sie wissen, dass jeder einen Blogeintrag schreiben kann, der mit jemandem ein Hühnchen zu rupfen hat – Blogs werden nicht von Experten begutachtet, überarbeitet oder auf Fakten überprüft. Welchen Artikel würden Sie für Ihren Chef zusammenfassen?

Wissenschaftliche Artikel werden routinemäßig in Regierungsdokumenten, juristischen Stellungnahmen, öffentlichen Grundsatzerklärungen, Sachverständigenberichten für das Gericht sowie in Büchern und Artikeln für die Allgemeinheit zitiert und diskutiert. Menschen, die sich für die Richtigkeit der Informationen interessieren, werden Arbeiten nicht berücksichtigen, die nicht von Experten begutachtet und in einer angesehenen wissenschaftlichen Zeitschrift veröffentlicht sind. Menschen, die diese traditionellen Veröffentlichungswege verlassen, werden als Quacksalber abgetan – wenn deren Arbeit gut gewesen wäre, dann hätten sie diese nicht als Eigenveröffentlichung herausgeben müssen. Wenn Sie Beweise haben möchten, dann suchen Sie in PsycINFO mit den Stichwörtern *Urin, Trinken, Heilung* und *Krebs*; dann suchen Sie im Internet. Wo denken Sie, werden Sie Aufsätze finden, die behaupten, das Trinken von Urin kann Krebs heilen? Wem würden Sie vertrauen, wenn Sie entscheiden, ob Sie sich auf die Schnelle ein goldenes, schaumiges Getränk zubereiten?

7.2 APA-Stil und die Forscher, die ihn lieben

Es gibt unterschiedliche „Schreibstile", beispielsweise den MLA (Modern-Language-Association-Richtlinien zur Verfassung wissenschaftlicher Beiträge in den Literaturwissenschaften), Chicago (veröffentlicht von der University of Chicago Press), Harvard (Zitierweise nach Autor und Jahr, die vor allem in den Natur- und Sozialwissenschaften verwendet wird) und Turabian (was auch immer das ist). In der Psychologie wird im APA-Stil, einem redaktionellen Stil, geschrieben. Er beschreibt, wie ein Artikel aufgebaut wird und wie die Überschriften, Referenzen und Statistik aufbereitet werden. Die Bibel des APA-Stils ist das *Publication Manual of the American Psychological Association* (APA 2009); zweifelhafte Leitfäden werden von anderen Verlagen herausgegeben. Es gibt einige gute Bücher über den APA-Stil, aber das *Publication Manual* hat das Sagen. In unserem kleinen Buch ist nicht genug Platz, eine Übersicht des APA-Stils zu geben – dazu brauchen Sie das *Publication Manual*. Ist in Ihrem Regal mit Fachbüchern Platz für ein Exemplar?

Zunächst wehren sich viele Studenten gegen den APA-Stil – sie haben das Gefühl, ihr Schreiben wird von willkürlichen Regeln zu Zitaten, Überschriften und Tabellen gekidnappt. Aber irgendwann entwickeln Sie die wissenschaftliche Variante des Stockholm-Syndroms: Sie beginnen Ihren Entführer über alles zu lieben. Insgeheim sehnen sich Forscher, wie Teenager, nach Regeln und Struktur. Wir drei, Ihre tapferen Autoren, lieben den APA-Stil; wir spucken in Richtung des MLA-Stils und seiner verfluchten Fußnoten. Wenn Sie sich insgeheim nicht nach Struktur sehnen, sondern stattdessen einen Mischmasch von Stilen bevorzugen, dann müssen Sie Ihr Schicksal akzeptieren. Der APA-Stil ist ein Teil des Lebens mit Psychologie, das heißt, Sie müssen ihn lernen. Und nach kurzer Zeit werden Sie Telefonnummern im APA-Stil in Ihr Mobiltelefon eingeben.

Während Ihres Bachelorstudiums werden Sie auch an deutschsprachigen Hausarbeiten und Experimentalberichten arbeiten. Diese können sich manchmal anstelle des APA-Stils am DGPs-Stil der Deutschen Gesellschaft für Psychologie orientieren, der dem APA-Stil ähnelt.

7.3 Quellen auswählen

Akademisches Schreiben besteht zum großen Teil aus Lesen – Sie müssen für das Thema relevante Quellen finden, diese lesen und verstehen und in Ihren Artikel einarbeiten. Sie werden Ihren Artikel schneller schreiben, wenn Sie mit guten Quellen arbeiten. Schlechte Quellen verschwenden Ihre Zeit und tragen nur wenig zu Ihrem Artikel bei oder führen Sie in die Irre.

7.3.1 Gute Quellen

Was macht eine gute Quelle aus? Wie wir oben erklärt haben, sind gute Quellen *von Experten begutachtet* (*peer-reviewed*): Experten bewerten den Artikel vor der Veröffentlichung, so dass offensichtliche Fehler und Fehlinterpretationen abgefangen werden. Fast alle wissenschaftlichen Fachzeitschriften in Psychologie sind von Experten begutachtet. Gute Quellen sind ebenfalls *zugänglich*: Leser sollten in der Lage sein, die Quelle zu finden und für sich selbst nachzulesen. Wenn eine Quelle unzugänglich und unbedeutend ist – wie ein Flugblatt über das Trinken von zu viel Alkohol, das Ihre Mitbewohnerin für ihren Kurs in Gesundheitswesen gestaltet hat –, ist diese für Ihre Leser nicht hilfreich. Und gute Quellen sind *Primärquellen*: Sie entwickeln eine Originalidee, eine Theorie, ein Experiment oder eine Analyse weiter, anstatt einfach nachzuerzählen, was jemand anderes untersucht oder gesagt hat. Der Unterschied zwischen Primär- und Sekundärquellen ist manchmal nicht eindeutig. Wenn Sie unsicher sind, können Sie die Einfach-zu-verarbeiten-Heuristik anwenden: Wenn ein Artikel trocken und schwer verständlich ist, handelt es sich vermutlich um eine Primärquelle. Im Folgenden finden Sie eine Aufstellung guter Quellen:

- *Von Experten begutachtete (peer-reviewed) Fachzeitschriftenartikel:* Von Experten begutachtete Artikel aus Fachzeitschriften sind die wichtigsten Quellen für Ihren Forschungsartikel. Nachdem Sie Kap. 6 gelesen haben, wissen Sie bereits, wie man Zeitschriftenartikel ausfindig macht und liest. Die meisten Artikel sind *empirische Artikel* – sie beschreiben neue Forschungsprojekte und zeigen Originaldaten. Andere Artikel sind *Überblicksartikel* – sie präsentieren eine neue Theorie oder eine neue Sicht auf vergangene Forschung. Empirische Artikel gehen in die Tiefe; Überblicksartikel gehen in die Breite. Sie müssen Ihre Forschung mit früherer Forschung verbinden, sodass die meisten Artikel in Ihrer Literaturliste empirische Artikel sein werden.
- *Wissenschaftliche Bücher:* Bücher sind eine weitere gute Quelle. Sie besprechen und integrieren einen großen Teil der Arbeiten. Wenn Sie in einem Bereich neu sind, ermöglicht Ihnen ein wissenschaftliches Buch, sich schnell auf den aktuellen Stand in diesem Bereich zu bringen. Sie finden diese Bücher in Ihrer Fachbereichs- oder Universitätsbibliothek, nicht in Ihrem lokalen Buchladen – wissenschaftliche Bücher sind für Spezialisten, nicht für eine breite Leserschaft geschrieben. Bücher ergänzen von Experten begutachtete Zeitschriften und dürfen nicht als einzige Quelle verwendet werden.
- *Herausgeberbände:* Herausgeberbände sind Sammlungen von Kapiteln, die von unterschiedlichen Autoren geschrieben wurden. Ein guter Herausgeberband zeigt Ihnen verschiedene Sichtweisen auf das gleiche Thema der Psychologie. Zum Beispiel wurden die Kapitel in dem Herausgeberband *Self and Identity* (Kashima et al. 2002; „Selbst und Identität") von elf Autorengruppen geschrieben. Herausgeberbände werden nicht von Anfang bis Ende gelesen; Sie können sich auf die paar Kapitel konzentrieren, die mit Ihrem Artikel in Zusammenhang stehen.
- *Handbücher:* Handbücher – eine Art Herausgeberbände – sind großartige Quellen. Die Herausgeber eines Handbuchs laden hervorragende Wissenschaftler dazu ein, Kapitel über einen Forschungsbereich zu schreiben. Zusammengenommen beschreiben die Kapitel die bedeutenden Theorien und Ergebnisse in diesem Bereich. Und ein Handbuch gibt es für alles. Schreiben Sie einen Artikel über emotionale Ausdrücke? Suchen Sie nach dem *Handbook of Emotions* (Lewis et al. 2008) und dem *Handbook of Affective Sciences* (Davidson et al. 2003). Schreiben Sie einen Artikel über Persönlichkeit in unterschiedlichen Kulturen? Suchen Sie das *Handbook of Personality* (Pervin und John 2001) und das *Handbook of Cultural Psychology* (Kitayama und Cohen 2007). Handbücher geben Ihnen einen guten Überblick und enthalten Referenzen zu guten Primärquellen.

7.3.2 Schlechte Quellen

Hier kommen die Bösewichte und Schurken: Diese Quellen reichen von einfach nicht hilfreich bis ernsthaft irreführend.

- *Fast alles im Internet:* Bemühen Sie keine Online-Enzyklopädien, Blogs und Newsgruppen. Nur wenige sind von Experten begutachtet, auf Fakten überprüft, archiviert oder überhaupt gut geschrieben. Die Experten wissenschaftlicher Psychologie veröffentlichen ihre Forschung nicht in Online-Blogs oder -Enzyklopädien. Sofern Sie nicht über das Internet schreiben – beispielsweise Online-Forschungsmethoden oder Online-Gemeinschaften –, werden Sie keine relevanten oder hilfreichen Quellen online finden. Natürlich gibt es auch Ausnahmen. Die Regierung veröffentlicht wichtige Dokumente online und einige bedeutende Fachzeitschriften (wie *PsycCRITIQUES*, eine von der APA veröffentlichte Zeitschrift mit Buchbesprechungen) sind nur online verfügbar. Aber diese Ausnahmen bestätigen die Regel – dies sind professionelle Veröffentlichungen, ins Netz gestellt von bekannten Institutionen. Deshalb ist es keine Überraschung, dass Online-Quellen in Forschungsartikeln unüblich sind. Nehmen Sie sich eine Ausgabe irgendeiner Psychologiezeitschrift und schauen Sie nach, wie viele Online-Quellen in der Literaturliste aufgeführt sind: Sie finden höchstens zwei oder drei pro Ausgabe. Das Zitieren von Internetseiten stempelt Sie als Anfänger ab, also vermeiden sie es.

- *Lehrbücher:* Lehrbücher fassen graue Forschungsartikel zu vergnügten, farbenfrohen Büchern zusammen. Lehrbücher sind einfach zu lesen und eine gute Möglichkeit zu lernen. Aber sie sind keine hilfreichen Quellen für Ihren Forschungsartikel – Lehrbücher sind ein oder zwei Schritte von den Primärquellen entfernt. Sie lassen entscheidende Details aus und liegen öfter falsch, als Sie denken. Aber Lehrbücher können auf gute Primärquellen hinweisen: Ein schneller Weg, relevante Forschungsartikel zu finden, ist es, nach Forschungsartikeln und wissenschaftlichen Büchern zu suchen, die im Lehrbuch zitiert werden.
- *Zeitungen und Magazine:* Zeitungen und Magazine bieten aktuelle und interessante Artikel, sind aber etliche Schritte von den Primärquellen entfernt. Die guten Beiträge sind auf Fakten geprüft, so dass sie Sie wahrscheinlich nicht in die Irre führen, aber Sie sollten direkt zur Quelle gehen. Wenn ein Zeitungsartikel Statistiken aus einem Bericht des Justizministeriums zitiert, dann sollten Sie den Bericht des Justizministeriums und nicht die Zeitung als Quelle verwenden.
- *Ephemera (Eintagsfliegen):* Bibliothekare bezeichnen wahlloses Material, das nicht archiviert, katalogisiert oder aufbewahrt wird, als *Ephemera*. Kurzlebig Geschriebenes – Flugblätter, interne Memos, Arbeitspapiere, Handouts einer Konferenz und Newsletter – verschwindet unmittelbar von der Bildfläche, so dass Sie nur selten einen Nutzen daraus ziehen können.

7.4 Abschnitte eines Forschungsartikels

Die dunkle Stunde naht: Sie haben Ihre Quellen gefunden und durch das *Publication Manual* geblättert – jetzt müssen Sie schreiben. Forschungsartikel bestehen aus verschiedenen Abschnitten: Übersicht 7.1 führt die Abschnitte in der richtigen Reihenfolge auf. Sie brauchen das *Publication Manual*, um die gemeinen Details der Formatierung, des Layouts und der Überschriften zu erlernen – es gibt einen

Grund, warum ganze Bücher sich nur dem APA-Stil widmen –, aber die folgenden Tipps werden Ihnen die richtige Richtung weisen. Für die genauen Angaben ist das *Publication Manual* Ihr vertrauenswürdiger Ansprechpartner.

> **Übersicht 7.1 Die Abschnitte eines Artikels**
> Titelseite (*Title page*)
> Zusammenfassung (*Abstract*)
> Einleitung (*Introduction*)
> Methode (*Method*)
> Ergebnisse (*Results*)
> Diskussion (*Discussion*)
> Literatur (*References*)
> Anhang (*Appendix*; optional)
> Anmerkung des Verfassers (*Author note*)
> Fußnoten (*Footnotes*; optional)
> Tabellen (*Tables*; optional)
> Abbildungsunterschriften (*Figure captions*; nur einfügen, wenn Sie Abbildungen verwenden)
> Abbildungen (*Figures*; optional)

7.4.1 *Einleitung* (Introduction)

Die Einleitung eines Artikels ist oft am schwierigsten zu schreiben. Manchmal wird die Einleitung als Literaturüberblick, *lit review* – kurz für Literatur (*literature*), nicht Litotes (*litotes*; sprachliche Stilfigur) oder liturgisch (*liturgical*) –, bezeichnet, aber das ist unpassend. Das Ziel einer Einleitung ist, Ihre Hypothese vorzustellen und Argumente für deren Wert und Plausibilität zu liefern – kurz gesagt, sie beantwortet die folgenden Fragen: (a) „Ist diese Idee verrückt?" und (b) „Warum sollte uns das interessieren?". Erfahrene Autoren sprechen davon, eine *Idee zu begründen*. Sie können Ihre große Idee begründen, indem Sie veranschaulichen, warum sie interessant, wichtig und bedeutend für die Wissenschaft und die Anwendung der Psychologie ist. Es muss einige gute Gründe geben, warum die Idee auf Sie einen wertvollen Eindruck gemacht hat. Wenn Sie Ihre Idee nur damit begründen können, dass „es bisher noch nicht untersucht wurde", dann sind Sie in Schwierigkeiten.

Wenn Sie nicht erklären können, warum Ihr Thema interessant und wichtig ist, dann vermutlich, weil es das nicht ist. Menschen führen oft Forschungsprojekte durch, ohne eine überzeugende, motivierende Absicht zu haben. Beispielsweise verwenden Forscher oftmals mehr Gedanken auf ihre Methoden als ihre Hypothesen, insbesondere Forscher, die für ihre methodische Geschicklichkeit bekannt sind. (Dies ist eine Umschreibung für „experimentelle Sozialpsychologie"; Ring 1967). Viele Ideen sind faszinierend, aber unwichtig und lassen sich nicht mit den beständigen Anliegen der Psychologie in Verbindung bringen. Und andere Ideen sind nur neu. Wenn Forscher ihre Idee begründen, indem sie sagen „Niemand hat das jemals zuvor untersucht", sollten wir auf der Hut sein. Es mag gute Gründe dafür geben, dass sie niemand zuvor untersucht hat – zwei davon sind Lächerlichkeit und Trivialität. Finden Sie den guten Grund – den psychologischen, gelehrten, wissenschaftlichen Grund – dafür, warum Sie Ihre Forschung durchgeführt haben.

Ideen werden interessant, wichtig und bedeutend, wenn sie mit dem in Verbindung gebracht werden, was die Psychologie bereits weiß und interessiert. Um Ihre Idee zu begründen, müssen Sie den Hintergrund früherer Forschung beschreiben, die den wissenschaftlichen Zusammenhang Ihrer Arbeit verdeutlicht. Aber Sie sollten die vergangenen Arbeiten nicht um derentwillen besprechen. Wenn Studenten etwas besprechen, nur um es zu besprechen, werden ihre Einleitungen langweilige Auflistungen früherer Experimente. Verlieren Sie nicht das Thema aus dem Auge und halten Sie sich an die Literatur – sowohl die unterstützende als auch die widersprechende –, die mit Ihrer Arbeit zu tun hat. Am Ende der Einleitung sollten die Leser das allgemeine Thema Ihrer Forschung, die wichtigen Arbeiten in diesem Bereich, Ihre Vorhersagen und die Gründe, warum Ihre Vorhersagen sinnvoll sind, kennen.

7.4.2 *Methode* (Method)

Was haben Sie untersucht? In Ihrer Einleitung wurde eine Forschungsfrage aufgestellt und begründet; im Methodenabschnitt wird beschrieben, wie Sie Ihre Frage untersucht haben. Dieser Abschnitt sollte genügend Details enthalten – auch mit allen Fehlern und Schwächen –, damit ein anderer Forscher bewerten kann, was Sie gemacht haben: Wer hat an der Studie teilgenommen? Wie wurde die Stichprobe der Studie ausgewählt? Haben Sie irgendwelche Variablen variiert? Wenn ja, wie haben Sie das gemacht und warum ist Ihre Variation voraussichtlich effektiv? Was haben Sie gemessen? Sie sollten Ihre Methoden, Variationen und Maße mit der bisherigen Forschung verknüpfen. Wenn in anderen Studien ähnliche Methoden verwendet wurden, sagen Sie dies und zitieren Sie diese Studien. Leser scheuen – wie Kaninchen – neue Dinge: Sie haben größeres Vertrauen in Ihre Studie, wenn Ihre Arbeit auf den Studien anderer basiert. Stellen Sie an dieser Stelle keine Statistiken vor, mit Ausnahme einfacher Beschreibungen Ihrer Stichprobe. Heben Sie die Zahlen für den Abschnitt Ergebnisse auf.

7.4.3 *Ergebnisse* (Results)

Der Ergebnisabschnitt beinhaltet den Teil, den die Studenten am meisten hassen – die Statistik. Hier werden Sie das Vergnügen kennenlernen, Statistik im APA-Stil zu berichten. Dies erfordert ein penibles Auge und das *Publication Manual* neben Ihrer

Tastatur. Die Statistik, die Sie berichten, hängt von Ihrem Versuchsdesign ab, aber einige Tipps helfen jedem. Erstens, nutzen Sie den Vorteil von Tabellen und Abbildungen. Es ist schwierig, Mittelwerte und Standardabweichungen in einem Textabschnitt zu beschreiben, aber es ist einfach, die Zahlen in einer Tabelle zu zeigen oder in einem Balkendiagramm darzustellen. Wenn Sie eine Menge Korrelationen haben, ist es für jeden einfacher, wenn Sie die Korrelationsmatrix in eine Tabelle verwandeln. Präsentieren Sie die statistischen Testverfahren – die in der Psychologie heiß geliebten t-Tests, Varianzanalysen und Korrelationskoeffizienten – im Text, aber lagern Sie die deskriptive Statistik in Tabellen aus.

Und zweitens, formulieren Sie Ihre Ergebnisse im Sinne Ihrer Hypothesen. Ein verbreiteter Fehler ist, sich auf die Statistik zu stürzen. Zum Beispiel beginnen Anfängerautoren einen Absatz in etwa so:

> Ein t-Test hat gezeigt, dass sich die beiden Gruppen signifikant voneinander unterscheiden, $t(37) = 3.01$, $p < .001$, so dass die Hypothese unterstützt wird.

Die Leser denken sich: „Hm? Welche Hypothese war das noch einmal? Welche Gruppe hatte den höheren oder niedrigeren Wert?" Beschreiben Sie stattdessen alles so, dass es direkt verständlich ist:

> Beeinflusst die Stimmung Menschen in der Einschätzung ihrer Lebensqualität? Ein t-Test wurde verwendet, um unsere Annahme zu testen, dass glückliche Menschen im Vergleich zu traurigen Menschen ihre Lebensqualität als besser einschätzen. Die Einschätzungen der Lebensqualität in der Glücklich-Bedingung waren signifikant höher als die Einschätzungen in der Traurig-Bedingung, $t(37) = 3.01$, $p < .001$, so dass die Hypothese unterstützt wurde. Tabelle 1 zeigt die deskriptive Statistik.

Diese Beschreibung macht die Ergebnisse für den Leser deutlich. Sie formuliert erneut die Hypothese, erinnert den Leser an die unabhängigen und abhängigen Variablen, verdeutlicht die Art des Unterschieds und weist auf die Details in einer Tabelle hin.

7.4.4 Diskussion (Discussion)

Der letzte Abschnitt des Textes, die Diskussion, gibt einen Gesamtüberblick über Ihre Studie. Ihr Ergebnisabschnitt hat Ihre Befunde detailliert und mit statistischen Ergebnissen beschrieben, Ihre Diskussion dagegen sollte die Ergebnisse auf eine allgemeine, konzeptuelle Art beschreiben. Was haben Sie herausgefunden? War es das, was Sie erwartet haben? Und was bedeutet das? Was sind die Konsequenzen für andere Theorien, bisherige Forschung oder praktische Anwendungen? Was sollte zukünftige Forschung als Nächstes untersuchen? Welche zukünftigen Richtungen erscheinen unergiebig oder ineffizient?

Eine Abschluss- oder Seminararbeit können Sie mit einem Abschnitt über die Einschränkungen Ihrer Forschung beenden. Veröffentlichte Artikel lassen die Einschränkungen oftmals aus – wenn die Forschung gravierende Probleme hätte, dann wäre der Artikel von der Fachzeitschrift abgelehnt worden –, aber Ihre Professoren mögen es, wenn Sie die Mängel Ihrer Forschung einschätzen können. Die Schwachstellen Ihrer Forschung zu berücksichtigen, ist eine gute, bildende Übung: Sie fördert Bescheidenheit und Einsicht. Aber manche Studenten übertreiben die Selbstzerfleischung und verwandeln unbedeutende Maulwurfshügel in hohe Berge. Machen Sie sich nicht schlechter, als Sie sind: Erwähnen Sie nur einige Einschränkungen. Und wenn Sie von Ihren Einschränkungen sprechen, dann beschreiben Sie, wie zukünftige Forschung diese beseitigen kann – Ihr Professor wird beeindruckt sein.

7.4.5 *Literatur* (References)

Literaturverzeichnisse sind langweilig zu schreiben und langweilig zu lesen, dennoch sollten Sie diese sorgfältig erstellen. Ein fehlerfreies Literaturverzeichnis zeigt, dass Sie von Regeln besessen und deshalb ein guter Kandidat für ein Masterstudium oder eine Promotion sind. Das *Publication Manual* erklärt, wie Sie Ihre Literatur aufbereiten; auch jeder Artikel in einer APA-Zeitschrift bietet hierfür Beispiele. Einige Studenten sind besorgt, dass sie zu viele Referenzen angeben – für Professoren ist das eine charmante Angst. Referenzen sind wie Gummibärchen: Gefahr besteht nur, wenn Sie mehr als 100 von ihnen essen.

7.4.6 *Das ruhmlose Ende: Tabellen* (Tables), *Abbildungen* (Figures) *und Fußnoten* (Footnotes)

Ihr Manuskript schließt mit den unrühmlichen Elementen: den Tabellen, Abbildungen und eventuell Fußnoten. Das *Publication Manual* gibt Ihnen Beispiele für die Formatierung. Vermeiden Sie Fußnoten – ein oder zwei sind in Ordnung –, aber beziehen Sie Tabellen und Abbildungen mit ein. Wie wir bereits erwähnt haben, ist es besser, alle Zahlen in eine Tabelle zu stecken, als sie in einem Textabschnitt zu berichten. Mit einem guten Balken- oder Liniendiagramm können Sie Ihre Ergebnisse übersichtlich darstellen.

7.5 Ton, Zweck und Sprachstil

In allem Geschriebenen spiegelt sich der Sprachstil des Autors wider – Ihr Schreiben klingt nach etwas, ob Sie den Klang mögen oder nicht. Anfängerautoren empfinden es als schwer, ihren Stil zu kontrollieren: Sie können nur auf eine Art schreiben, üblicherweise auf eine langweilige „Ich versuche, schlau zu klingen"-Art. Sie können sich Ihren Stil als Punkt auf einer Skala vorstellen. Am einen Ende der Skala liegt der Stil der Topanga-Canyon Hippies und naiver Schulkinder: „Leon Festinger sagte: ‚Kognitive Dissonanz ist tatsächlich motivational', aber Daryl Bem sagte: ‚Das ist sie wirklich nicht.' Und ich dazu: ‚Alter, wen interessiert das? Kognitive Dissonanz ist so was von aus der Eisenhower-Ära.'" Am anderen Ende der Skala liegt der Stil eines Anwalts, der auf das Steuerwesen des Marineamts spezialisiert ist: „In dem Ausmaß, in dem der Glaube verschiedener Individuen sich im Konflikt befindet, mögen diverse, basierend auf den Trieben motivierte Beschlüsse, gegeben einer Vielzahl individueller Faktoren und natürlich ihrer Myriade von Wechselbeziehungen, plausibel erscheinen."

Die erste Aussage klingt zu übersprudelnd wie eine Unterhaltung zwischen frechen Halbgebildeten; die zweite klingt zu formal wie der Auszug aus einer Steuerordnung. Unterschiedliche Schreibvorhaben sollten unterschiedliche Stile verwenden. Das vorliegende Buch zum Beispiel ist mehr Topanga-Canyon- als Steuerrechtstil: Es ist kein wissenschaftliches Buch, falls Sie es bis jetzt noch nicht gemerkt haben. Streben Sie in Ihren Forschungsartikeln 35 % Topanga-Canyon- und 65 % Steuerrechtstil an. Sie möchten wie jemand klingen, der für andere Menschen schreibt, wie jemand, der sich für das Thema interessiert und etwas zu sagen hat. Aber Sie möchten auch die Komplexität der früheren Forschung, die Feinheiten der Forschungsmethoden sowie die Statistik und Vielfalt der Leserschaft berücksichtigen. Es ist schwirig, diese Balance zu finden: Die meisten Ihrer Professoren sind beispielsweise zu schockierenden 95 % Steuerrecht – sie brauchen einen Schuss mehr Topanga.

Ein wichtiger Teil des wissenschaftlichen Stils ist, mit anderen gut auszukommen. Wenn Sie andere beurteilen und kritisieren, versuchen Sie, niemanden zu zerreißen. Es ist nicht einfach, kritisch zu sein, ohne wie ein verärgerter, egozentrischer Griesgram zu klingen. Ein häufiger Fehler beispielsweise ist, etwas zu schreiben wie: „Ich denke, dies ist eine schlechte Studie. Die Stichprobengröße von 14 war viel zu klein, um die Schlussfolgerungen des Autors zu rechtfertigen, deshalb enthält sie schwerwiegende Fehler." Ihre Leser werden mit Ihrer Behauptung übereinstimmen, aber sie werden bemerken, dass Sie persönliche Meinungen in den Text einfließen lassen („Ich denke, dies ist eine schlechte Studie") und dass Sie die unrühmlichen Forscher angreifen („deshalb enthält sie schwerwiegende Fehler."). Machen Sie Ihren Standpunkt deutlich, ohne dabei in Meinungen und Angriffe abzugleiten. Versuchen Sie, etwas in dieser Art zu schreiben: „Die Ergebnisse sind faszinierend, aber die kleine Stichprobe ($N=14$) wirft Fragen zu deren Reliabilität auf."

Wenn Sie im Schreibprozess schwierigen Entscheidungen gegenüberstehen, dann erinnern Sie sich, dass der Zweck des wissenschaftlichen Schreibens darin besteht, anderen Menschen von Ihren Ideen und Ihrer Forschung zu berichten. Es liegt dem Journalismus näher als dem kreativen Schreiben: Ihre Leser möchten die Fakten wissen und in der Lage sein, Ihre Quellen zu überprüfen. Was haben Sie untersucht? Warum haben Sie es untersucht? Warum ist es wichtig? Sie haben den Artikel geschrieben, aber in dem Artikel geht es nicht um Sie oder Ihre inspirierende Forschungsreise. Der Artikel sollte sich nicht mit Ihren Meinungen, Überzeugungen oder Gefühlen beschäftigen, sondern die Leser möchten Ihre Ergebnisse,

Interpretationen, Bewertungen, Beurteilungen, Analysen, Argumente und Schlussfolgerungen erfahren.

Ihre ersten Forschungsartikel werden langweilig klingen; die nächsten werden ebenfalls nicht schön sein. Ein geschmeidiger Schreibstil braucht, wie alles andere, formelles Training (z. B. das Lesen von Büchern über Grammatik und Stil), Jahre der Übung (vielleicht jede Woche über mehrere Jahre hinweg) und erfahrene Mentoren (z. B. Rückmeldungen Ihres Professors und Forschungsbetreuers). Da es Jahre dauert, diese Fähigkeit auszubilden, sollten Sie damit beginnen, Zeit in Ihr Schreiben zu investieren: Wenige Psychologen schreiben gut, so dass Sie Professoren, Arbeitgeber und Graduiertenschulen beeindrucken, wenn Sie in einem angenehmen, natürlichen Stil schreiben können. Um gutes Schreiben zu lernen, kaufen Sie sich einige Bücher, lesen Sie diese, schreiben Sie viel und holen Sie sich Rückmeldung. Im Anhang sind einige Bücher aufgelistet, die uns an unserem eigenen Schreibstil zweifeln lassen; diese Bücher können dasselbe für Sie bewirken.

7.6 Für die Veröffentlichung schreiben

Seminar- oder Übungsarbeiten haben etwas Unnatürliches an sich: Jemand gibt Ihnen vor, worüber Sie schreiben sollen, dann schreiben Sie einen Aufsatz darüber, und dieser Jemand liest und bewertet das Ergebnis. Seminararbeiten sind für jemanden geschrieben, der benotet, nicht für eine Leserschaft. Nur eine einzige Person liest Ihre Seminar- oder Übungsarbeit – üblicherweise ein blasser wissenschaftlicher Assistent, überfordert angesichts der Grammatikkatastrophen der Studierenden. Solche Arbeiten sind gut für die Übung, aber sonst für Weniges: Sie werden nicht veröffentlicht und von niemandem gelesen. Auch wenn das Schreiben von Seminararbeiten trivial ist – Sie sollten es ernst nehmen: Es ist eine ausgezeichnete Übung, und Sie werden nicht gut schreiben, wenn Sie nicht üben.

Das einzig Wahre ist natürlich das Schreiben für die Veröffentlichung. Wenn ein Fremder Ihre Arbeit veröffentlicht, so dass andere Fremde diese lesen können, dann ist das richtiges Schreiben. Als Bachelor-Studierender können Sie auf zwei Arten veröffentlichen. Die erste Möglichkeit ist, für Newsletter und Magazine zu schreiben. Viele Psychologiefachbereiche oder Universitäten haben einen eigenen Newsletter, der besondere Neuigkeiten bespricht: Interviews mit neuen Professoren, Buchbesprechungen, Auszeichnungen aktueller und früherer Studierender, Schätze der Fachbereichs- oder Universitätsgeschichte und Fotografien vor dem Hintergrund imitierter Holzvertäfelungen. Herausgeber von Newslettern sind häufig überlastet: Es ist keine glanzvolle Aufgabe, und es ist meistens schwer, Beiträge zu finden. Sie sollten den Herausgeber eines Newsletters kontaktieren und fragen, ob er nach Beiträgen sucht, wie etwa Aufsätze, lustige Geschichten oder kurze Newsbeiträge. Über Ihren Fachbereich oder Ihre Universität hinaus haben die meisten Fachverbände – wie beispielsweise die Bundesvereinigung Psychologiestudierende im BDP (Berufsverband Deutscher Psychologinnen und Psychologen) – Newsletter mit einem Herausgeber, der gute Beiträge braucht. Sie können auch Ihren eigenen Newsletter starten, um zu berichten und bekannt zu machen, was Ihre regionale Gruppe Psychologiestudierender anstrebt. Sie können lustige Geschichten, Berichte von Reisen zu aktuellen Konferenzen, pikanten Klatsch und Hinweise auf geplante Veranstaltungen Ihrer Gruppe veröffentlichen. Des Weiteren gibt es verschiedene Magazine für Psychologiestudierende, zum Beispiel das kostenlose Magazin *StudPsych* des Springer Verlags, das Interviews mit Professoren und Beiträge von Studierenden und Berufstätigen veröffentlicht.

Die zweite Option ist, wissenschaftliche Forschung in von Experten begutachteten Fachzeitschriften zu veröffentlichen. Erste Erfahrungen mit englischsprachigen, wissenschaftlichen Veröffentlichungen und dem damit verbundenen Prozess der Begutachtung können Bachelor- und Master-Studierende beispielsweise beim *Journal of European Psychology Students* (*JEPS*) sammeln. Diese Open-Acess-Zeitschrift der European Federation of Psychology Students' Associations (EFPSA) ist die einzige von Experten begutachtete Zeitschrift für Studierende und deckt alle großen Themenbereiche der Psychologie ab. Studierende können hier ihre Artikel mit eigenen Forschungsergebnissen oder Literaturüberblicksartikel einreichen. Dass Bachelor-Studierende Forschung in wichtigen Fachzeitschriften veröffentlichen, ist eher unüblich. Früher galt es sogar als sonderbar, aber die Zeiten ändern sich. Der Veröffentlichungsprozess in der Forschung dauert eine lange Zeit. Sie müssen eine Idee entwickeln, einen Weg finden, diese zu untersuchen, Ihre Studie manchmal durch einen institutionellen Überprüfungsausschuss freigeben lassen, die Sache durchführen, die Daten auswerten und einen Artikel über das Ganze schreiben. In einigen Forschungsbereichen, wie der Kognitions- und Sozialpsychologie, benötigen Sie mehrere Experimente für Ihren Artikel. In anderen Bereichen, wie der Kindesentwicklung, zieht sich die Forschung über Jahre. Wenn eine Fachzeitschrift erst einmal Ihren Artikel begutachtet und akzeptiert hat, kann es ein oder zwei Jahre dauern, bis dieser in gedruckter Form erscheint. Demzufolge ist es unwahrscheinlich, dass irgendeine Forschung, die Sie als Bachelor-Studierender machen, vor Ihrem Abschluss in gedruckter Form erschienen ist.

Wenn Sie die Chance erhalten, an einem wissenschaftlichen Artikel mitzuarbeiten, greifen Sie zu. Sie werden vermutlich einer von vielen Autoren sein – viele Hände machen der Datenerhebung bald ein Ende –, aber das ist in Ordnung. Die Ehre liegt darin, überhaupt beteiligt zu sein, nicht darin, sich selbstverliebt an einen bestimmten Platz in der Autorenreihenfolge zu klammern. Die Autorenreihenfolge festzulegen, ist ein heikles Unterfangen. Selbst ein einfacher Forschungsartikel kann mehrere Professoren, mehrere Master-Studierende, mehrere Bachelor-Studierende und viele wissenschaftliche Hilfskräfte umfassen. Wer sollte Erstautor sein? Wer sollte der Autor an letzter Position sein? Berechtigt die reine Hilfe bei der Datenerhebung jemanden für die Mitautorenschaft? Sollten Studierende mit ausgezeichneten Leistungen immer Erstautor sein? Das Fachgebiet hat ethische Richtlinien, um Entscheidungen über die Autorenschaft zu treffen. Im Allgemeinen gibt es eine goldene Regel: Forscher sollten über die Autorenschaft so früh wie möglich sprechen. Darüber hinaus empfehlen wir, (a) den klassischen Artikel von Fine und

Kurdek (1993) zu lesen, der die Details der Autorenschaft beschreibt, und (b) sich nicht wegen der Details einer Autorenschaft aufzuregen.

7.7 Hilfe finden

Wenn Ihr Artikel einmal in Bearbeitung ist, werden Sie zustimmen, dass wissenschaftliches Schreiben schwieriger ist, als Sie gedacht haben, und Sie werden Hilfe brauchen. Bereits veröffentlichte Artikel in Ihrem Bereich sind die besten Hilfsquellen: Sie können sehen, wie erfahrene Autoren mit den Schreibproblemen umgegangen sind, denen Sie gerade gegenüberstehen. Nutzen Sie Artikel der bedeutenden Zeitschriften aus Ihrem Gebiet als Vorbilder: Diese Autoren haben etwas richtig gemacht, wenn ihr Artikel in einer angesehenen Zeitschrift erschienen ist. Vielleicht kämpfen Sie mit Ihrem Methodenabschnitt – zum Beispiel könnten Sie unsicher sein, wie Sie Ihre verwendeten Skalen zur Selbstauskunft beschreiben sollen. Wie haben andere Autoren ihre Skalen beschrieben? Vielleicht sind Sie unsicher, wie lang Ihre Diskussion sein sollte. Wie lang sind diese in Ihren Musterartikeln? Wie viele Referenzen führen diese auf? Wie haben die Autoren Überschriften verwendet? Welche Informationen haben sie in Tabellen dargestellt?

Für weitere Hilfestellungen können Sie einige Bücher zum akademischen Schreiben kaufen. Sie sind nicht der Einzige, der Schreiben schwierig findet: Es gibt genügend Leidensgenossen, die für einen guten Absatz von „Selbsthilfe für Wissenschaftler"-Bücher sorgen. Ihre Fachbuchsammlung sollte einige Bücher über Schreiben und Veröffentlichen beinhalten. Im Anhang am Ende des Buches finden Sie einige Bücher, die Ihnen helfen werden. Manche Bücher betreffen die Art von Artikeln, die Bachelor-Studierende für ihre Seminare schreiben (z. B. Landrum 2008; Sternberg 2003); benutzen Sie diese Bücher, wenn Sie mit grundlegenden Problemen kämpfen. Wenn Ihre Probleme komplexer sind, greifen Sie auf Bücher zurück, die für Professoren geschrieben wurden (Silvia 2007; Sternberg 2000). Solche Bücher erklären die wesentlichen Details, einen Artikel zu schreiben und bei einer Fachzeitschrift einzureichen. Wenn Sie diese lesen, werden Sie eine hervorragende Abschlussarbeit schreiben.

Und natürlich können auch Ihr Forschungsbetreuer und Ihre Professoren helfen. Diese kennen sich auf dem Gebiet des akademischen Schreibens aus – einem zwielichtigen Gebiet, so dass einige von ihnen schon einmal ausgeraubt wurden – und können Ihnen detaillierte, praktische Ratschläge geben. Der beste Weg, Schreiben zu lernen, besteht darin, Rückmeldungen von Experten zu erhalten. Geben Sie Ihrem Betreuer einen Ausdruck Ihres Artikels und bitten Sie ihn um Kommentare. Sie werden zusammenzucken, wenn Sie einen tintendurchnässten Entwurf zurückbekommen, aber das stärkt Ihre Persönlichkeit. Wenn es an Ihrem Fachbereich Master-Studierende oder Doktoranden gibt, dann können Sie diese um Tipps und Ratschläge bitten. Master-Studierende und Doktoranden sind es gewohnt, für einen mageren Lohn hart zu arbeiten, so dass Sie sich bei ihnen mit einer Tasse Kaffee, einer Tafel Schokolade oder einem Spielzeug für ihr Frettchen bedanken können.

7.8 Zusammenfassung

Erinnern Sie sich an die unschuldigen Tage des Schreibens in der Grundschule? Die Arbeit an Ihrem ersten Forschungsartikel wird Sehnsüchte nach den Aufsätzen hervorrufen, die Sie während des Sommers geschrieben haben, in dieser sepiafarbenen Ära, als *Forschung* mit einem Blick in die Enzyklopädie gleichzusetzen war. Wissenschaftliches Schreiben ist nicht glamourös, aber es wird Ihr Denken über Psychologie schärfen. „Schreiben ist wie Denken auf dem Papier", schrieb William Zinsser (1988, S. 11). Sich durch Ihre Einleitung zu kämpfen, wird Ihnen helfen, die Literatur zu verstehen; einen Ergebnisabschnitt zu schreiben, wird Ihnen helfen, Statistik zu verstehen. Und es ist ein großer Schritt vom üblichen Lernen im Seminar, wo Sie lesen, was andere Leute über Psychologie geschrieben haben, bis zum Schreiben eines wissenschaftlichen Fachartikels. In Kürze wird Ihr *Publication Manual* schmutzig und voller Eselsohren sein – der beste Beweis dafür, dass Sie ein ernsthafter Studierender sind.

Kapitel 8
Teilnahme an wissenschaftlichen Konferenzen: Richtige Umgangsformen für den Denkrausch

Manche Klischees haben einen wahren Kern. Im Großen und Ganzen sind Ihre Professoren ein Haufen sonderbarer Menschen, die gerne Bücher lesen, sich leger anziehen, exotisches Essen mögen und Deutschlandradio hören. Nun stellen Sie sich einfach einmal vor, was passiert, wenn eine große Gruppe von Hochschulprofessoren an einem Ort zusammenkommt, um über Psychologie zu sprechen. Diese großen, fachbezogenen Zusammenkünfte werden *Konferenzen* genannt. Professoren, Doktoranden, Master- und Bachelor-Studierende kommen zusammen, um zu erfahren, was es Neues in der Psychologie gibt, den jüngsten Klatsch mit alten Freunden auszutauschen und in leckeren, exotischen Restaurants zu essen. Es ist das größte Vergnügen, das Sie haben können, während Sie ruhig dasitzen, höflich zuhören und Kaffee trinken.

An einer Konferenz teilzunehmen, ist möglicherweise der beste Weg, außerhalb des Seminarraums zu lernen: Sie verbringen ein paar Tage mit Hunderten oder Tausenden anderen Menschen, die sich für Psychologie interessieren, und lernen etwas über die aktuellste Forschung. Sie können wissenschaftliche Präsentationen von einigen der bekanntesten Forscher des Gebiets sehen, potentielle Arbeitgeber oder Forschungsbetreuer treffen und mit Psychologiestudierenden anderer Universitäten über Ihre Professoren tratschen. Zwei oder drei Tage auf einer Konferenz können das Gehirn eines Sterblichen schier zum Platzen bringen: Denken im Übermaß kann zu Übelkeit führen. Sie wissen, dass die Konferenz ein Erfolg war, wenn Sie unausgeschlafen und mit übernächtigten Augen abreisen und Sie der nächsten Person, die „unabhängige Variable" sagt, drohen, diese zu erdrosseln.

8.1 Ein Überblick über den Denkrausch

Warum geht man auf Konferenzen? Hierfür gibt es verschiedene Gründe: Erstens verändert sich die Welt der Forschung rasch. Es kann einige Jahre dauern, bis Forschung in gedruckter Form erscheint, und auf Konferenzen, besteht die Möglichkeit, von den neuesten Befunden zu hören. Forscher halten kurze Vorträge (normalerweise 15 min) über ihre Forschung und präsentieren Poster, die aktuelle Ergebnisse beschreiben. Zweitens bieten Konferenzen gute Möglichkeiten, berufliche Kompetenzen auszubauen. Die meisten Konferenzen bieten Sessions an zu Themen wie: einen Platz im Masterstudium oder Graduiertenprogramm finden, ein besserer Autor werden und Arbeitsstellen finden. Und schließlich sind Konferenzen ein guter Grund, aus der Stadt herauszukommen, in einem Hotel zu übernachten und mit alten Freunden Zeit zu verbringen.

Als Studierender profitieren Sie viel von einer Konferenz. Sie treffen potentielle Forschungsbetreuer Ihrer Abschlussarbeit persönlich, erfahren den neuesten Klatsch zu einem potentiellen Masterstudium oder Graduiertenprogramm und erhalten in Workshops gute Tipps zu diesen. Wenn Sie forschen, können Sie Ihre Ergebnisse auf einer Konferenz präsentieren und Rückmeldungen von Menschen bekommen, die sich für Ihr Thema interessieren. Und wenn Sie sich anschließend für ein Masterstudium, ein Graduiertenprogramm oder einen Arbeitsplatz bewerben, dann haben Sie bereits gezeigt, dass Sie professionell auftreten können und dass Sie die Mühe auf sich genommen haben, über das Mindestmaß hinauszugehen.

Ihre erste Konferenz beschreiben Studierende meist als sehr aufschlussreich: Es ist beeindruckend, so viele Studierende und Professoren an einem Ort zu sehen. Psychologie erscheint menschlicher und persönlicher. In Ihren Seminaren hören Sie, wie Ihre Professoren über berühmte Studien von bekannten Psychologen erzählen. Auf Konferenzen erleben Sie, wie diese Psychologen über ihre bisherige Arbeit sprechen und was sie in nächster Zeit vorhaben. Wenn Sie an einem Forschungsprojekt mitarbeiten, dann treffen Sie wahrscheinlich Menschen, die auf demselben Gebiet forschen, sowie Menschen, über deren Artikel Sie in Ihrer Abschlussarbeit berichten. Sie treffen auf einige Autoren Ihrer Lehrbücher, die Sie mit einem anklagenden „Warum? Warum?" löchern können. Und Sie werden viele Psychologiestudierende anderer Universitäten treffen. Diese Masse gut gekleideter Studenten zeigt Ihnen überdeutlich, wie hart der Wettbewerb für die Zulassung zum Masterstudium oder Graduiertenprogramm ist.

8.2 Konferenzfakten

In der Psychologie gibt es jedes Jahr Dutzende Konferenzen, die man in zwei Arten einteilen kann. Einige Konferenzen sind *geographisch*: Sie widmen sich bestimmten Ländern oder Kontinenten und decken alle Bereiche der Psychologie ab. Andere Konferenzen sind *thematisch*: Diese widmen sich einem bestimmten Thema der Psychologie, wie beispielsweise der Kindesentwicklung, klinischen Psychologie oder Sozialpsychologie, und alle Vorträge und Poster einer thematischen Konferenz sind mit diesem Thema verwandt. Die größten geographischen Konferenzen sind riesige, internationale Treffen. Hunderte oder Tausende von Menschen kommen zu den großen internationalen Konferenzen. Da sie das gesamte Gebiet der Psychologie abdecken, ist auf diesen Treffen für jeden etwas dabei. Ein europäischer Kongress, der sich speziell an Psychologiestudierende richtet und einen guten Einstieg für die erste internationale Teilnahme bietet, ist beispielsweise der jährliche Kongress

8.2 Konferenzfakten

der European Federation of Psychology Students' Associations (EFPSA). Nationale Konferenzen decken, wie die größeren internationalen, die wesentlichen Bereiche der Psychologie ab. In Deutschland ist der Kongress der Deutschen Gesellschaft für Psychologie (DGPs), der alle zwei Jahre stattfindet, eine große, themenübergreifende Konferenz. Übersicht 8.1 zählt weitere Beispiele für themenübergreifende nationale und internationale Konferenzen auf. Die nächste Stufe sind kleinere, regionale Konferenzen, Symposien oder Workshops.

> **Übersicht 8.1 Beispiele für themenübergreifende Konferenzen und deren Abkürzungen**
> International Congress of Psychology (ICP) der International Union of Psychological Science (IUPsyS; alle vier Jahre)
> European Congress of Psychology (ECP) der European Federation of Psychologists' Associations (EFPA; alle zwei Jahre)
> Kongress der European Federation of Psychology Students' Associations (EFPSA; jährlich)
> Convention der American Psychological Association (APA; jährlich)
> Convention der Association for Psychological Science (APS; jährlich)
> Kongress der Deutschen Gesellschaft für Psychologie (DGPs; alle zwei Jahre)

> **Übersicht 8.2 Beispiele für thematische Konferenzen und deren Abkürzungen**
> Alle größeren Teilbereiche der Psychologie: Fachgruppentagungen der Deutschen Gesellschaft für Psychologie (DGPs; alle zwei Jahre), z. B. Entwicklungspsychologie (EPSY), Differentielle Psychologie, Persönlichkeitspsychologie und Psychologische Diagnostik (DPPD), Sozialpsychologie, Rechtspsychologie
> Experimentelle Psychologie: Tagung experimentell arbeitender Psychologen (TeaP; jährlich)
> Kognitionspsychologie: Fachtagung (KogWis) der Gesellschaft für Kognitionswissenschaft (GK; alle zwei Jahre)
> Neuropsychologie: Kongress der Gesellschaft für Neuropsychologie (GNP; jährlich)
> Klinische Psychologie: Kongress für Klinische Psychologie, Psychotherapie und Beratung der Deutschen Gesellschaft für Verhaltenstherapie (DGVT; alle zwei Jahre)

Thematische Konferenzen beinhalten nur einen Teil der Psychologie und werden sowohl auf regionaler, nationaler als auch auf internationaler Ebene veranstaltet; in Übersicht 8.2 finden Sie Beispiele einiger größerer, thematischer Tagungen in

Deutschland. Die Fachgruppen der Deutschen Gesellschaft für Psychologie organisieren im Wechsel mit der themenübergreifenden DGPs-Konferenz alle zwei Jahre thematische Tagungen zu einem bestimmten Themengebiet. Beispielsweise gehen Sozialpsychologen zur Konferenz der Fachgruppe Sozialpsychologie der DGPs und Entwicklungspsychologen zur Fachtagung Entwicklungspsychologie der DGPs. Experimentelle Psychologen treffen sich zum Beispiel jedes Jahr auf der Tagung experimentell arbeitender Psychologen (TeaP), die insbesondere auch bei (Bachelor-)Studierenden beliebt ist. Des Weiteren gibt es Gesellschaften, die sich ausschließlich einem Thema verschrieben haben und zu diesem in regelmäßigen Abständen Kongresse organisieren. Klinische Psychologen nehmen alle zwei Jahre am Kongress der Deutschen Gesellschaft für Verhaltenstherapie (DGVT) teil, und Kognitionspsychologen treffen sich auf der Tagung der Gesellschaft für Kognitionswissenschaft (GK). Einige kleinere thematische Konferenzen richten ihre Aufmerksamkeit auf spezifische Teilbereiche der Psychologie. Kein Thema der Psychologie ist so unbedeutend, dass es nicht Menschen anzieht, Vorträge zu halten und Poster zu präsentieren. Wenn Sie die Erforschung der klinischen Hypnose interessiert, können Sie an der jährlichen Tagung der Milton Erickson Gesellschaft für Klinische Hypnose (MEG) teilnehmen.

Konferenzen werden meist in einem großen Hotel in einer großen Stadt abgehalten. Dies erscheint zunächst seltsam – wer verreist schon, um seine Zeit in einem Hotel zu verbringen? –, aber es ist sehr sinnvoll. Die meisten Menschen kommen von weiter her zu der Konferenz, so dass die Stadt einen Flughafen braucht. Zudem benötigen die meisten der Konferenzteilnehmer einen Platz für ihre Übernachtung, und einige der Konferenzvorträge beginnen früh am Morgen. Es ist bequem, aus dem Bett zu steigen, die frühe Stunde zu verfluchen und die Treppen hinunter in den Konferenzraum zu stolpern, um den Vortrag zu hören; es ist ebenfalls bequem, nur die Treppen hochgehen zu müssen, um im Laufe des Tages ein kurzes Nickerchen zu halten. Sehr große Konferenzen finden in Konferenzzentren statt, die von Hotels und Restaurants umgeben sind. Auswärts zu essen, ist Teil des Vergnügens auf Konferenzen; also stellen Sie sich darauf ein, sich den Bauch vollzuschlagen.

8.3 Was machen Menschen auf Konferenzen?

8.3.1 Vorträgen zuhören

Der Großteil einer wissenschaftlichen Konferenz besteht aus Vorträgen. Forscher erzählen davon, was sie untersucht haben, und die Zuhörer trinken Kaffee und stellen Fragen. Wenn ein Professor Sie und die anderen Seminarteilnehmer jemals dafür gerügt hat, dass sie im hinteren Teil des Seminarraums saßen, werden Sie sich auf einer Konferenz verteidigt fühlen: Professoren sitzen auch gerne ganz hinten. Im Allgemeinen werden Sie auf einer Konferenz zwei Arten von Vorträgen finden: lange und kurze. Lange Vorträge – üblicherweise 45 min – sind den eingeladenen

Referenten vorbehalten. Konferenzen laden bekannte Forscher ein, längere Vorträge über ihre Arbeit zu halten; diese Vorträge ziehen die größten Menschenmengen an. Lange Vorträge werden von Hauptrednern (*keynote speakers*), dem Präsidenten der Gesellschaft, die die Konferenz veranstaltet, den Gewinnern von Auszeichnungen und verschiedenen berühmten Forschern gehalten.

Die meisten der Vorträge sind kurz – in der Regel 15 min. Diese Vorträge sind in Gruppen organisiert, den sogenannten *Sessions* (*sessions*) oder *Symposien* (*symposia*). Beispielsweise könnte eine Konferenz sechs Vorträge über Depression zu einer 90-minütigen Session mit dem Titel „Neue Wege in der Depressionsforschung" gruppieren. Jeder Vortragende hat 15 min Zeit, um einen Vortrag zu präsentieren, und nutzt optimalerweise zwölf Minuten für den Vortrag und drei Minuten für Fragen. Aber wie Sie aus Ihren Vorlesungen wissen, finden Professoren häufig kein Ende, so dass sie unterbrochen werden müssen. Die kurzen Vorträge werden normalerweise von Professoren, Master-Studierenden und Doktoranden gehalten. Bachelor-Studierende halten selten Vorträge auf Konferenzen, aber es wird häufiger. Wir haben in den letzten paar Jahren einige gute Vorträge von Bachelor-Studierenden auf regionalen Konferenzen gehört. Wenn Sie Ihrem ersten Vortrag auf einer Konferenz entgegensehen, wird Ihnen Kap. 10 einige gute Tipps geben.

Um möglichst viele Vorträge zu ermöglichen, finden auf Konferenzen mehrere Sessions parallel statt. Sie können auswählen, welche Sie am meisten interessiert. Zum Beispiel könnten auf einer regionalen Konferenz sechs Sessions gleichzeitig laufen – Lernen bei Tieren, Soziale Kognition, Kindesentwicklung, Klinische Begutachtung, Verhalten am Arbeitsplatz und Gedächtnis. Die Sessions können sich auch mit langen Vorträgen, Workshops und Postersessions überschneiden. Es gibt eine Menge zu sehen, deshalb hilft es, den Tag zu planen, indem Sie die Sessions markieren, die Sie interessieren. Das Programm kann von etwa acht Uhr morgens bis sechs Uhr abends gehen – zwei oder drei Tage davon werden Ihre Liebe zur Psychologie testen, deshalb sollten Sie Nickerchen halten und Kaffeepausen machen.

8.3.2 *Postersessions besuchen*

Postersessions sind ein weiteres Format, Forschung zu präsentieren. Forscher schreiben hierzu eine Zusammenfassung ihrer Forschung und heften diese an eine große Posterwand. Während einer Postersession werden Dutzende Poster in einem großen Raum ausgestellt. Sie können die Poster ansehen und mit den Wissenschaftlern, die neben ihren Postern stehen, über ihre Forschung sprechen. Poster sind interaktiver als Vorträge: Sie können gute Gespräche darüber führen, was andere untersucht haben und was diese als Nächstes planen. Poster sind nicht zum Lesen gedacht – stehen Sie nicht still vor einem Poster, lesen es und gehen dann weiter. Der Sinn der Postersessions ist, sich zu unterhalten. Wenn ein Poster interessant erscheint, fragen Sie denjenigen, der es präsentiert, was er untersucht hat. Fragen Sie einfach „Worum geht es in Ihrer Studie?" oder „Was haben Sie untersucht?".

Die meisten Studierenden sammeln auf Konferenzen erste eigene Erfahrungen mit dem Präsentieren von Postern, was weniger anstrengend ist, als Vorträge zu halten. In Kap. 9 können Sie nachlesen, wie Sie ein gutes Poster vorbereiten und präsentieren.

8.3.3 An Workshops und angewandten Vorträgen teilnehmen

Nicht alles auf einer Konferenz ist der Forschung gewidmet. Die meisten Konferenzen, mit Ausnahme der sehr kleinen, haben eine zusätzliche Programmgestaltung, die auf Bachelor-Studierende, Master-Studierende, Doktoranden und Menschen auf Stellensuche abzielt. Diese angewandten Vorträge sind eine gute Möglichkeit, Ratschläge zu erhalten und seine Fähigkeiten auszubauen. Beispielsweise gibt es Sessions mit Vorträgen zu Bewerbungen für ein Masterstudium oder Graduiertenprogramm. Unter der Gruppe der Vortragenden ist vielleicht jemand, der gerade mit dem Masterstudium oder der Promotion begonnen hat, der Leiter des Masterstudiums oder Graduiertenprogramms einer örtlichen Universität ist oder ein Professor, der mit einer Menge von Master-Studierenden und Doktoranden arbeitet. Andere übliche Themen sind, das Schreiben zu verbessern, den Übergang zum Masterstudium und Graduiertenprogramm zu gestalten, sich in der Forschung zu verbessern und sich für Zuschüsse und Stipendien zu bewerben. Verpassen Sie diesen Programmteil nicht, der auf die Studierenden ausgerichtet ist – Sie werden gute Ratschläge bekommen.

8.3.4 Aussteller besuchen und Bücher kaufen

Auf den meisten Konferenzen gibt es *Aussteller*, das heißt Unternehmen, die Sachen an Psychologen verkaufen möchten. Aussteller zahlen der Konferenz Geld, damit sie Tische aufstellen und ihre Waren zeigen können. Buchverlage verkaufen gerne ihre Bücher auf Konferenzen, üblicherweise mit einem Konferenznachlass. Einige Firmen preisen ihre Forschungs- und Statistiksoftware an; andere bewerben psychologische Testverfahren. Auf größeren Konferenzen werben Arbeitgeber Psychologen an. Einmal haben wir Anwerber der Central Intelligence Agency (CIA; US-Geheimdienst) auf dem jährlichen APA-Kongress gesehen, und wir haben geheimnisvolle Unterarmimplantate, um es zu beweisen.

Die Ausstellertische sind der vergnügliche Teil einer Konferenz. Sie können Bücher für Ihre Fachbuchsammlung zu einem günstigen Preis kaufen, und manchmal können Sie bei Gratisgeschenken wie Stiften und Gehirnen aus Schaumstoff zuschlagen: Nichts beeindruckt Ihre Freunde zu Hause mehr als ein Gehirn aus Schaumstoff. Die Ausstellertische sind meistens in der Nähe der Poster, so dass Sie die Tische ansehen können, während Sie die Poster überfliegen.

8.3.5 Kontakte knüpfen und freie Zeit verbringen

Das Beste haben wir für den Schluss aufgehoben. Leute zu treffen und Zeit mit ihnen zu verbringen, ist ein wichtiger Teil einer Konferenzerfahrung – und vermutlich der Teil, der am meisten Spaß macht. Wir meinen mit „Kontakte knüpfen" nicht die schleimige Art wie „Ich bin ein Wirtschaftsstudent und möchte Firmenanwalt werden", sondern einfach Leute zu treffen und Freundschaften zu schließen. Konferenzen sind eine gute Gelegenheit, um Kontakte herzustellen, um die neuesten Tipps zu Masterstudium oder Promotion zu erhalten und einen guten Eindruck bei den dafür zuständigen Menschen zu hinterlassen. Wenn Sie jemanden treffen, mit dem Sie für Ihre Masterarbeit oder Ihre Promotion zusammenarbeiten möchten, sprechen Sie ihn auf alle Fälle an. Wenn Sie Master-Studierende oder Doktoranden dieses Studien- oder Graduiertenprogramms treffen, fragen Sie nach, ob es ihnen dort gefällt. Wenn Sie an einem Forschungsprojekt mitarbeiten, können Sie einige gute Informationen von Forschern auf Ihrem Gebiet bekommen. Wenn Sie Wissenschaftler treffen, die in dem gleichen Bereich forschen, gehen Sie auf diese zu und fragen Sie, ob diese einige unveröffentlichte oder im Druck befindliche Artikel haben, die sie Ihnen per E-Mail schicken können.

Und dann ist da noch das Verbringen der freien Zeit, für das Sie bereits ausgiebig trainiert haben. Fühlen Sie sich nicht verpflichtet, sich mit den berühmten Psychologen eines Forschungsbereichs zu unterhalten. Wenn Sie davor zurückschrecken, ist das in Ordnung. Als Bachelor-Studierender sollten Sie sich mit anderen Bachelor-Studierenden anfreunden – Sie werden sie auf den nächsten Konferenzen über Jahre hinweg immer wieder treffen. Sie möchten Freunde haben, die in derselben Studienphase sind wie Sie, damit sie die verschiedenen Stufen ihrer Ausbildung gleichzeitig durchlaufen: Sie können sich dann gemeinsam für ein Masterstudium oder Graduiertenprogramm bewerben, ein Masterstudium absolvieren, an einem Graduiertenprogramm teilnehmen, sich mit Ihren Abschlussarbeiten und Dissertationen herumschlagen und in die Arbeitswelt einsteigen. Sie werden sich jedes Jahr auf der Konferenz eine Menge zu erzählen haben. Studierende in derselben Studienphase können Ihnen gute Ratschläge geben und Ihnen ein offenes Ohr leihen, deshalb sollten Sie kein schlechtes Gewissen haben, wenn Sie die meiste Zeit der Konferenz im Café verbringen und sich über Ihren Forschungsbetreuer austauschen: Verbuchen Sie es unter „Aufbau fachlicher Beziehungen".

8.4 Konferenzregeln und -umgangsformen

Sie brauchen wahrscheinlich nicht viele Ratschläge, wie man sich verhält. Immerhin sind Sie von Hunderten gut angezogener Fremder umgeben: Sportjacken aktivieren scheinbar das Über-Ich. Aber für diejenigen unter Ihnen, die einer Verhaltensmodifikation bedürfen, sind hier einige Tipps.

8.4.1 Kleidung

Sie sollten sich schön anziehen: Denken Sie an „legere Businesskleidung". Dies ist die Gelegenheit, das schöne Outfit zu tragen, das Sie nie zum Seminar anziehen. Sie nehmen an einem fachlichen Treffen teil, das von Professionellen besucht wird, deshalb sollten Sie sich auch wie ein Professioneller kleiden und verhalten. Wenn Sie planen, ein Masterstudium oder Graduiertenprogramm zu besuchen, werden Sie auf eine Menge potentieller Betreuer auf der Konferenz treffen. Sie möchten nicht wie ein Groupie einer Emo-Gothic-Band aussehen, selbst wenn Sie einer sind. Auf der Konferenz werden Sie feststellen, dass das Bildungsniveau mit der Förmlichkeit der Kleidung negativ korreliert ist. Bachelor- und Master-Studierende sind oft am besten angezogen; einige der älteren, männlichen Professoren tragen abgewetzte Sportjacken und Turnschuhe.

Konferenzen enden um etwa 17 Uhr nachmittags, und Teil des Vergnügens einer Konferenz ist, gemeinsam mit einer Gruppe von Teilnehmern zum Essen zu gehen und zu feiern. Hier ist Ihre Chance in einer neuen Stadt loszuziehen. Nehmen Sie Ihre Kleidung zum Ausgehen mit, aber tragen Sie diese nicht auf der Konferenz. Es bleibt genügend Zeit nach Konferenzende, Ihre lilafarbene Lederweste und Nietenarmbänder anzuziehen; Sie sollten sie nicht zur letzten Postersession des Tages tragen. Noch einmal, verhalten Sie sich professionell.

8.4.2 Umgangsformen und Normen

Sie brauchen keine Ratschläge zum Benehmen, aber Sie möchten möglicherweise etwas zu den Regeln wissen. Eine wichtige Konferenzregel betrifft die Art und Weise, wie man bei den Forschungsvorträgen Fragen stellt. Wenn Sie eine Frage haben, fragen Sie auf alle Fälle, aber warten Sie bis zum Ende des Vortrags. In der Regel machen die Vortragenden keine Pause und beantworten Fragen am Ende. Und Sie werden, vielleicht entgegen Ihren Erwartungen, feststellen, dass Menschen selten ablehnende, herausfordernde Fragen zu Vorträgen und Postern stellen. Menschen anzugreifen, ist unhöflich, selbst wenn es angebracht wäre. Wenn ein Vortrag oder Poster Ihnen langweilig vorkommt, sollten Sie mit Ihren Freunden anschließend darüber reden, nicht den Vortragenden in aller Öffentlichkeit angreifen. Die goldene Regel – ich werde Dich nicht in der Öffentlichkeit zerreißen, wenn Du mich nicht zerreißt – ist eine gute Regel.

Vielleicht scheuen Sie sich, vor einem großen Publikum Fragen zu stellen. Das ist in Ordnung: Zurückhaltung ist der Grund, warum wir Psychologen und keine Immobilienmakler sind. Nachdem die Vorträge beendet sind, gehen die Zuhörer auseinander – auf der Suche nach Kaffee und Toiletten –, und die Vortragenden schlendern umher und unterhalten sich mit anderen. Jetzt können Sie ihnen Fragen stellen. Vermutlich werden Sie den Vortragenden später noch auf der Konferenz begegnen, so dass Sie sie auch dann noch fragen können.

8.5 Konferenzkosten

Wie viel kostet Sie eine Konferenz? Ihre Kosten setzen sich zusammen aus a) der Anmeldegebühr (*registration fee*), b) den Hin- und Rückreisekosten, c) den Übernachtungskosten und d) sonstigen Ausgaben für Essengehen, Kaffeetrinken und Bücherkaufen. Anmeldegebühren variieren, sind aber für Studierende immer günstiger als für Professoren. Wenn die Konferenz mit dem Auto erreichbar ist, können Sie eine Menge Geld sparen, indem Sie sich ein Auto mit anderen Studierenden teilen. Wenn Sie fliegen müssen, sorgen Sie dafür, dass Sie Ihre Tickets früh buchen. Hotelkosten können happig sein, aber betrachten Sie die Konferenz als eine Art Sommercamp: Hotelrechnungen werden häufig geteilt, indem man einen Haufen Leute in einen Raum steckt. Was Ihre sonstigen Ausgaben angeht, so hängen diese von Ihrem eigenen Level von Impulsivität und Extravaganz ab. Die guten Nachrichten sind, dass Ihre Universität möglicherweise einen Teil Ihrer Kosten erstattet – einige Universitäten, Psychologiefachbereiche und Arbeitsgruppen verfügen über Geld für Reisen von Studierenden. Fragen Sie deshalb Ihren Forschungsbetreuer und schauen Sie sich im Internet auf der Homepage der Universität um. Konferenzen sind eine gute Investition: Sie werden froh sein, Zeit und Geld aufgewendet zu haben, um an einer Konferenz teilzunehmen.

8.6 Zusammenfassung

Konferenzen sind eine großartige Möglichkeit, Psychologie in Aktion zu erleben. Über die Forschung im Seminarraum oder aus einem Lehrbuch zu lernen, ist indirekt und unpersönlich, aber das Lernen über Forschung auf einer Konferenz ist direkt, persönlich und von Angesicht zu Angesicht. Sie werden Freunde finden, ein Netzwerk mit Fachleuten aufbauen und das ungeheure Ausmaß des Gebiets der Psychologie erfahren; Sie werden den Lebensstil der Psychologie in einem größeren geographischen Maßstab erleben. Und Konferenzen bedeuten eine Menge Spaß, was der Grund dafür ist, dass jedes Jahr so viele veranstaltet werden. Wenn Sie einen von uns, Ihren tapferen Autoren, auf einer Konferenz treffen, sagen Sie unbedingt „Hallo". Sie können uns sagen, welche Teile des Buches Sie am meisten gehasst haben – wir werden nicht beleidigt sein.

Kapitel 9
Präsentation eines Forschungsposters: Wie man die Schwierigkeiten der visuellen Darstellung überwindet

In diesem Kapitel geht es um Forschungsposter, und das Wort *Forschung* sollte Ihre mentalen Alarmglocken läuten lassen. Was Wissenschaftler gut können, ist, Dingen ihren Spaß zu nehmen und sie in etwas Trockenes, Langatmiges gefüllt mit Mathematik zu verwandeln. Die Poster, die Sie auf Konferenzen sehen werden, zeigen keine Fotografien von Boygroups, pastellfarbenen Landschaften französischer Impressionisten, als Feuerwehrmänner verkleideten Dalmatinern oder muskulösen Männern, die Neugeborene im Arm halten. Stattdessen sind Diagramme, Tabellen, Referenzen, Statistiken und gut angezogene Wissenschaftler zu sehen, die erklären, worum es auf dem Poster geht. Wenn Ihnen Balkendiagramme lieber sind als brandbekämpfende Hunde, dann können wir uns eine Posterpräsentation in Ihrer Zukunft vorstellen (und Jahre der Glückseligkeit im Masterstudium oder Graduiertenprogramm).

9.1 Fakten über Forschungsposter

Poster sind eine der meistverbreiteten Möglichkeiten, Forschung zu präsentieren, denn aus zeitlichen Gründen kann nicht jeder einen Vortrag halten. Ein Zweck der Postersessions ist es, den Menschen mehr Möglichkeiten zu bieten, Ihre Forschung zu präsentieren. Viele ziehen es vor, Poster zu präsentieren, statt Vorträge zu halten: Sie unterhalten sich gleichzeitig mit ein oder zwei Personen, so dass Sie *mit* ihnen sprechen können und nicht *zu* diesen sprechen müssen. Als Student wird Ihre erste Präsentation auf einer Konferenz wahrscheinlich ein Poster sein. Nachdem Sie erste Erfahrung mit der Präsentation von einigen Postern gesammelt haben, sind Sie bereit, Forschungsvorträge zu halten.

Poster sind in Gruppen zu Postersessions (*poster sessions*) zusammengefasst. Eine Postersession ist ein Zeitfenster, in dem die Menschen ihre Poster aufhängen und daneben stehen, um ihre Arbeit zu erläutern und Fragen zu beantworten. Die Konferenzteilnehmer können an den Postern vorbeilaufen und an denen stehen bleiben, die sie interessieren. Auf großen Konferenzen gibt es fast zu jeder Zeit eine Postersession. Postersessions können laut und überfüllt sein; da sie etwa ein bis zwei Stunden dauern, sollten Sie sich bequeme Schuhe anziehen. Die Poster sind an großen Posterstellwänden festgepinnt. Die Stellwände sind etwa 120 cm hoch und 180 cm breit, wobei die Fläche der Stellwand etwa einen Meter über dem Boden beginnt. (Kleine Konferenzen benutzen manchmal dreiteilige Stellwände, was der Postersession das Retro-Aussehen einer ehemaligen Wissenschaftsmesse verleiht.) Eine Session kann 50 bis 100 Poster umfassen, bei großen Konferenzen sogar einige hundert Poster. Die Reißzwecken zum Aufhängen der Poster werden üblicherweise auf der Konferenz zur Verfügung gestellt, aber grauhaarige Posterveteranen tragen immer ihre eigenen Reißzwecken und Klebeband mit sich herum.

9.2 Poster gestalten

Ihr Poster sollte eine Momentaufnahme Ihrer Forschung sein: Was Sie gemacht haben, warum Sie es gemacht haben und was Sie herausgefunden haben. Hier kommen einige Tipps zur Erstellung eines Posters. Wer nicht viel Zeit hat, findet unsere Ratschläge in Übersicht 9.1 kurz zusammengefasst. (Um Verlegenheiten zu vermeiden, sollten Sie die Richtlinien zur Postererstellung der jeweiligen Konferenz lesen, bevor Sie Ihr Poster gestalten – einige Konferenzen fordern spezielle Größen und Formate.) Es tut uns leid, Ihnen mitteilen zu müssen, dass die klassische Postermethode, die Sie als Kind gelernt haben, ausgestorben ist. Stellen Sie den Glitter zur Seite und begraben Sie Ihren Klebestift. Gestalten Sie kein Poster mit Bastelpapier, Zuschnitten, Schablonen und gewellten Rändern: Sie sind ein Student, aber Sie sind kein Amateur. Ein zusammengeklebtes Poster vorzustellen, wäre wie die Präsentation eines Vulkans aus Backpulver und Essig.

> **Übersicht 9.1   Ein Posterspickzettel**
> Verwenden Sie serifenlose Schriften und wählen Sie eine große Schriftgröße. Verwenden Sie einen sehr großen Titel.
>   Vergessen Sie nicht Ihre Zugehörigkeit (z. B. Name der Universität) zu nennen.
>   Verwenden Sie jeden Abschnitt eines Zeitschriftenartikels inklusive der Referenzen.
>   Wenn möglich, verwenden Sie Abbildungen, Zeichnungen und Bilder.
> Geben Sie Ihre E-Mail-Adresse an.
> Gestalten Sie ein Handout, das die wesentlichen Punkte des Posters und Ihre E-Mail-Adresse beinhaltet.
> Üben Sie Ihre Posterpräsentation.
> Stehen Sie nicht nur vor Ihrem Poster – reden Sie mit den Menschen.

9.2 Poster gestalten

9.2.1 Großes Blatt oder kleine Blätter?

Ihre erste Entscheidung bei der Gestaltung eines Poster betrifft ein ernstes und kontroverses Thema: großes Blatt oder kleine Blätter? Sie können ein Poster auf einem großen Blatt drucken, beispielsweise mit den Maßen 61×91 cm (entspricht 24×36 Inch) oder 91×122 cm (entspricht 36×48 Inch). Oder Sie können ein Set von 22×28 cm kleinen Blättern (entspricht 8,5×11 Inch) gestalten und nebeneinander an die Posterwand heften. Früher als Psychologen auf Säbelzahntigern zu Konferenzen geritten sind, waren kleine Blätter die einzige Option. Heute können Sie wählen, welche Methode Sie bevorzugen. Große Blätter sind auf Konferenzen weiter verbreitet, so dass sich die Mühe lohnt, ein großes Poster zu machen. Große Poster können Sie mit PowerPoint gestalten. Erstellen Sie dazu eine Einzelfolie und passen Sie dann die Größe der Folie an die Maße Ihres Posters an, zum Beispiel 91×122 cm. Ergänzen Sie dann Textboxen, Bilder und Grafiken auf der Folie, um das Poster zu gestalten. Poster bestehend aus mehreren kleinen Blättern können Sie ebenfalls in PowerPoint erstellen. Gestalten Sie einfach acht bis zwölf Folien, die beschreiben, was Sie gemacht haben.

Große Poster sind schön, aber Sie haben einige Nachteile. Der Druck eines großen Posters kann sehr teuer sein, insbesondere wenn Ihr Poster in Farbe ist. Es ist herzzerreißend, ein Poster zu gestalten, das Geld für den Druck hinzublättern und dann einen schrecklichen Fehler zu entdecken. Ihr Poster müssen Sie dann in einer Posterrolle transportieren, die Sie zum Flughafen schleppen, mit ins Flugzeug nehmen und ins Hotel tragen. Poster auf kleinen Blättern sind nicht so schick, aber Sie können diese selbst ausdrucken und in einer Mappe mitnehmen. Wenn Sie sich für ein großes Poster entscheiden, informieren Sie sich, ob es eine Universitätsdruckerei gibt, die (manchmal um ein Zehnfaches) günstiger ist als ein regulärer Copyshop.

9.2.2 Auffällig oder standardmäßig?

Als Zweites müssen Sie entscheiden, ob Sie ein auffälliges oder ein standardmäßiges Poster gestalten wollen. Das eine ist die Postervariante des ständig Innovativen, das andere die des Traditionellen, Veränderung versus Beständigkeit, Skelett-T-Shirt versus dunkelblauer Blazer. Als Bachelorstudent tendieren Sie wahrscheinlich zum auffälligen Poster, um das Publikum durch interessante Farben, Abbildungen, Logos, Bilder und Größen auf sich aufmerksam zu machen. Auch wir mögen auffällige Poster, aber sie brauchen viel Vorbereitungszeit. Standardmäßige Poster sind wie das Basismodell eines Autos – ihnen fehlen das Schiebedach und die elektrischen Fensterheber, aber sie bringen Sie dorthin, wo Sie hinfahren möchten. Standardposter benötigen in der Vorbereitung weniger Zeit, und außerdem irritieren sie die langweiligeren Konferenzteilnehmer nicht. Wir haben keine eindeutige Meinung zu dieser Entscheidung, aber es ist wahrscheinlich klüger, mit normalen Postern zu beginnen und sich dann zu ausgefalleneren Postern hochzuarbeiten. Bei Ihrer ersten

Postersession möchten Sie nicht feststellen müssen, dass das, was Sie als cool und ausgefallen empfunden haben, Ihrem Publikum gewöhnlich und kindisch erscheint.

9.2.3 Schriftarten und Layout

Ihr Poster sollte schön aussehen. Wenn Sie Ihr Poster in Farbe ausdrucken möchten, können Sie die Vorteile der Folienvorlagen von PowerPoint nutzen. Wählen Sie etwas Cooles, aber Dezentes aus – Ihre Farben und Designs sollten nicht Ihren Text und Ihre Abbildungen erdrücken. Wenn Sie Farben verwenden, achten Sie auf den Kontrast zwischen Text und Hintergrund. Suchen Sie für einen dunklen Hintergrund helle Schriftfarben und für einen hellen Hintergrund dunkle Schriftfarben aus; den vielen farbenblinden Männern zuliebe sollten Sie einen Rot-Grün-Kontrast vermeiden. Sicher finden auch wir Apfelgrün und Burgunderrot eine tolle Kombination, aber verwenden Sie diese Farben, wenn Sie Ihr Badezimmer streichen, nicht wenn Sie ein Poster gestalten.

Ein Bild sagt mehr als tausend Worte. Nutzen Sie jede Gelegenheit, etwas als Abbildung oder Grafik darzustellen und nicht als Tabelle oder Text. Gestalten Sie statt einer Tabelle, die die Mittelwerte Ihres 2×2-Designs zeigt, ein Balkendiagramm, in dem die Mittelwerte zu sehen sind. Erstellen Sie eine Korrelationsmatrix und präsentieren Sie Streudiagramme für die wichtigsten Korrelationen, statt über Ihre Korrelationen zu schreiben. Wenn Sie Ihren Probanden Bilder gezeigt haben, zeigen Sie einige Beispielbilder auf dem Poster. Wenn Ihre Forschung ungewöhnliches Material beinhaltet – Antwortfelder, Tierlabyrinthe oder kindergroße Schockmaschinen –, dann machen Sie ein Foto des Equipments und platzieren Sie dieses auf Ihrem Poster.

Wählen Sie für den Text eine serifenlose Schriftart und eine große Schrift. Wenige Menschen verstehen den Unterschied zwischen einer serifenbetonten Schriftart (z. B. Times New Roman, Garamond, Palatino, Minion) und einer serifenlosen Schriftart (z. B. Arial, Verdana, Myriad). Serifenbetonte Schriftarten eignen sich für kleine Textgrößen wie beispielsweise in Zeitungen und Büchern, aber stark vergrößert sehen sie ungeschickt und klobig aus. Ihr Poster wird große Buchstaben von 20 bis 300 Punkt haben, so dass Sie eine serifenlose Schriftart wählen sollten. Ihr Titel sollte aus einer Entfernung von fünf Metern und Ihr Text aus einer Entfernung von zwei Metern gut lesbar sein, also seien Sie bei der Schriftgröße nicht sparsam.

9.2.4 Titel

Ihr Poster braucht einen coolen Titel. Ein weit verbreiteter Fehler ist es, einen fachspezifischen, langen und detailreichen Titel zu wählen. Ein solcher Titel ist eine akkurate Beschreibung dessen, worum es auf Ihrem Poster geht, aber das ist nicht der Sinn des Titels. Auf einer Postersession laufen die Leute die Reihen von Postern ab, blicken kurz auf die Titel und bleiben bei den Postern stehen, die ihr Interesse wecken. Sie brauchen einen Titel, der den Kern des Posters – buchstäblich auf einen Blick – erfasst. Sie können Titel verbessern, indem Sie langatmige Ausdrücke wie „die Effekte von", „der Einfluss auf", und „die Interaktionen zwischen" herausnehmen. Denken Sie an wesentliche Stichwörter – „Gedächtnis", „Depression", „Einstellungen", „Erziehung", „Lernen", „Glück" – und setzen Sie diese zu einem guten Titel zusammen. Und machen Sie den Titel extrem groß – er sollte die größte Schriftgröße auf dem Poster besitzen.

9.2.5 *Autoren und Zugehörigkeit*

Unter dem Titel stehen die Namen des Autors oder der Autoren. Die Reihenfolge der Autoren ist etwas, das Sie mit Ihrem Forschungsbetreuer und Ihren Koautoren festlegen. Nach der Konvention ist die Person, die vor dem Poster steht, der erste Autor – 90 min zu stehen, wird belohnt –, aber dies ist keine feste Regel. Die Namen der Autoren sollten groß, aber nicht so groß sein wie der Titel. Unter den Namen stehen die Zugehörigkeiten der Autoren. Ihre Zugehörigkeit ist Ihre Universität. Wenn alle Autoren dieselbe Zugehörigkeit haben, schreiben Sie diese nur einmal hin. Wenn Sie Ausschmückungen mögen, können Sie das Logo Ihrer Universität auf dem Poster hinzufügen.

9.2.6 *Einleitung*

Die Einleitung zu einem Poster bereitet, wie die Einleitung zu einem Forschungsartikel, den Weg für die Forschung. Worum geht es in der Studie? Welches Problem, welche Frage oder Kontroverse hat die Forschung veranlasst? Was sind Ihre Vorhersagen? Eine Einleitung sollte nicht zu lang sein – Langatmigkeit ist der Fluch eines Posters –, deshalb sollte sich Ihre Einleitung auf die wichtigsten Aspekte beschränken. Einige Leute nutzen Aufzählungen von Stichpunkten für ihre Poster. Wir haben keine eindeutige Empfehlung zu ganzen Absätzen im Vergleich zu Stichpunkten – auch wenn Stichpunkte einen unangenehmen „Ich war früher BWL-Student"-Beigeschmack haben –, aber Stichpunkte sind lohnenswert, wenn diese Sie dazu zwingen, Dinge kurz und einfach darzustellen.

9.2.7 *Methode*

Der Methodenabschnitt beschreibt, wie Sie Ihre Hypothesen getestet haben. Was haben Sie untersucht? Wer hat daran teilgenommen? Welche Konstrukte haben Sie gemessen und wie haben Sie diese gemessen? In Ihren Methodenabschnitt gehören einige Details; die Betrachter sind an den praktischen Grundlagen Ihrer Forschung interessiert.

9.2.8 Ergebnisse

Was haben Sie herausgefunden? In Ihrem Ergebnisabschnitt beschreiben Sie die Befunde Ihrer Studie. Sie brauchen keine ausgiebigen statistischen Details aufzunehmen. Verwenden Sie Abbildungen: Können Sie Ihre Ergebnisse in einem Balken- oder Liniendiagramm darstellen? Können Sie eine Korrelation in einem Streudiagramm abbilden? Nutzen Sie Grafiken und Abbildungen, wann immer es möglich ist, selbst für einfache Ergebnisse. Jemand, der vor einem Poster steht, versteht eher ein Balkendiagramm mit zwei Balken als einen Text, der zwei Mittelwerte beschreibt. Wenn Sie eine Menge von Zahlen berichten möchten – wie etwa die deskriptive Statistik einer Stichprobe oder alle Effekte einer komplexen Studie –, können Sie die Zahlen in einer Tabelle zeigen. Es ist einfacher, Zahlen einer gut gestalteten Tabelle zu entnehmen als einem Textabschnitt, der die Zahlen beschreibt. Und da Sie ein Exemplar des *Publication Manual* in Ihrer Fachbuchsammlung haben – das war wohl ein Hinweis von uns –, können Sie es beim Erstellen von Abbildungen und Tabellen als Orientierungshilfe zurate ziehen.

9.2.9 Diskussion

Der Abschnitt Diskussion hebt wichtige Konsequenzen der Forschung hervor. Fassen Sie sich kurz: Nennen Sie nur einige wichtige Ideen und Befunde. Immerhin stehen Sie direkt vor Ort, bereit und willens, die Forschung zu diskutieren.

9.2.10 Literatur

Poster brauchen nicht viele Literaturangaben. Ein Poster ist kein Manuskript: Sie veröffentlichen das Poster nicht für die Ewigkeit. Allerdings sind einige Leser vielleicht neugierig, die Quelle einer Ihrer Zitationen zu erfahren, so dass Sie eine Quelle für jeden Artikel, den Sie zitieren, aufnehmen sollten. Wenn Sie keinen Platz mehr haben, können Sie die Literatur in einer kleinen Schriftgröße darstellen.

9.2.11 Das Handout

Wenn Sie Ihre Postergestaltung abgeschlossen haben, sollten Sie ein Handout erstellen. Die Konferenzteilnehmer haben gerne etwas, das sie mitnehmen können.

Wenn Sie ein Poster auf einem großen Blatt gestalten, ist die einfachste Möglichkeit, das Poster für das Handout auf ein normales Blatt Papier zu drucken. Wenn Ihr Poster entsprechend große Buchstaben enthält, wird das Handout lesbar sein. Wenn Sie ein Poster mit kleinen Blättern erstellen, können Sie mehrere Folien auf eine einzelne Seite drucken; alle Folien sollten auf ein Blatt Papier passen, Vorder- und Rückseite. Die Konferenzteilnehmer lesen Ihr Handout in den Pausen, also stellen Sie sicher, dass Ihr Handout klar und leserlich ist. Bringen Sie etwa 20 Handouts mit zur Konferenz. Die meisten Teilnehmer, die an Ihrem Poster anhalten, um sich darüber zu unterhalten, möchten ein Handout mitnehmen, und wenn Sie zur Toilette müssen, können Sie einige Handouts an die Posterstellwand heften.

9.3 Poster präsentieren

Der Sinn der Posterpräsentation ist, mit Menschen zu sprechen. Lassen Sie die Menschen nicht einfach dastehen und Ihr Poster lesen. Betrachten Sie es als das Posterparadoxon: Obwohl Sie ein lesbares Poster erstellt haben, sollten Sie nicht zulassen, dass die Menschen es lesen. Wenn Konferenzteilnehmer an Ihrem Poster stehen bleiben, verwickeln Sie diese in eine Unterhaltung. Fragen Sie „Möchten Sie etwas über meine Studie erfahren?" oder „Hi, möchten Sie Details wissen?". Niemand wird sagen: „Nein, danke. Ich möchte lieber peinlich berührt hier stehen, während Sie peinlich berührt dort stehen, und fünf Minuten lang etwas lesen, das Sie mir in 30 Sekunden beschreiben können." Stattdessen werden die Leute sagen: „Klar, was haben Sie untersucht?"

Sie wundern sich vielleicht, warum wir Ihnen empfehlen, sich mit Menschen zu unterhalten. Schließlich ist es offensichtlich, dass der Sinn einer Posterpräsentation darin liegt, mit Menschen über Ihre Forschung zu sprechen. Aber wenn Sie an Ihrer ersten Posterpräsentation teilnehmen, werden Sie einige Menschen sehen, die schweigend neben ihrem Poster stehen, während andere schweigend das Poster durchlesen. Das ist schlecht. Wir können verstehen, dass einige Menschen schüchtern sind und peinliche Momente entstehen können, wenn ein schüchterner Forscher und ein schüchterner Leser aufeinandertreffen. Aber es ist unangenehmer, steif dazustehen, anstatt zu sagen: „Möchten Sie erfahren, was wir untersucht haben?" Manche wiederum denken, es sei unhöflich, jemanden mit dieser Frage beim Lesen zu unterbrechen. Das Gegenteil ist der Fall – die Menschen möchten lieber mit Ihnen sprechen als Ihr Poster lesen.

Sobald das Gespräch begonnen hat, setzen Sie Ihre Geheimwaffe ein: die Präsentation. Sie sollten zwei Zusammenfassungen Ihres Posters einstudieren. Die eine Präsentation sollte kurz und knackig sein. Können Sie die Quintessenz Ihres Posters in drei Sätzen und in 15 Sekunden zusammenfassen? Verwenden Sie diese Präsentation, wenn der Zuhörer unter Zeitdruck zu sein scheint. Die zweite Präsentation sollte länger sein und die wesentlichen Aspekte Ihres Posters umfassen. Sie sollte etwa eine Minute dauern. Um diese zu entwickeln, bauen Sie einen Teil der Informationen aus jedem Abschnitt Ihres Posters ein. Versuchen Sie die folgenden Fragen zu beantworten: „Was haben Sie untersucht?", „Warum haben Sie dies untersucht?" und „Was haben Sie herausgefunden?". Während des Präsentierens können Sie auf Ihre Grafiken und Abbildungen zeigen. Die Menschen werden Sie wahrscheinlich unterbrechen, und das ist in Ordnung – der Sinn der Präsentation besteht darin, das Gespräch in Gang zu bringen.

Die Leute werden Fragen zu Ihrem Poster stellen, aber sie sind nicht gekommen, um Sie aus der Fassung zu bringen, Sie zu ärgern oder zu reizen. Sie werden keine Bösewichte finden, die um die Poster herumziehen und auf Ärger aus sind. Wie wir in Kap. 8 betont haben, bestärken die Konferenzregeln die Teilnehmer darin, sich zu benehmen. Es gibt einige Fragen, die häufig vorkommen: Auf diese sollten Sie einige Antworten parat haben. Erwarten Sie Fragen wie „Was würden Sie anders machen?" und „Was planen Sie als Nächstes zu untersuchen?". Dies sind gute Fragen. Zu diesen sollten Sie einige Antworten vorbereiten. Möglicherweise werden Sie gefragt „Denken Sie darüber nach, ein Masterstudium zu absolvieren oder zu promovieren?" oder „Ist das die Art von Forschung, die Sie in Ihrer Masterarbeit oder Promotion verfolgen möchten?". Dies sind ebenfalls gute Fragen – Sie richten sich an Sie und Ihre fachlichen Interessen. Sie sollten gute (und ehrliche) Antworten darauf finden. Gespräche vor Ihrem Poster können sich vom Inhalt des Posters entfernen und sich in Richtung Freizeit entwickeln. Das ist ebenfalls in Ordnung: Sie sind zur Konferenz gefahren, um Leute kennenzulernen und Freundschaften zu schließen.

9.4 Betrachten der Poster anderer Forscher

Sie werden während der Postersession einigen Leerlauf haben – Zeit, in denen niemand Ihr Poster besucht. Ein bisschen Leerlauf ist gut: Sie brauchen Zeit, um Luft zu holen und einen Kaffee zu trinken. Eine Besucherflaute ist eine Gelegenheit, einige Teilnehmer zu treffen und über Forschung zu reden. Wenn niemand an Ihrem Poster ist, nutzen Sie die freie Zeit, sich mit Ihren Nachbarn zu unterhalten. Es macht mehr Spaß, sich zu unterhalten, als alleine herumzustehen. Wenn Sie schüchtern sind, stellen Sie einfach Fragen zu deren Postern, beispielsweise: „Worum geht es in Ihrer Studie?" (Insgeheim können Sie deren Präsentation mit Ihrer Präsentation vergleichen und einige Tipps sammeln.) Fragen Sie nach deren Universität, welches Masterstudium oder welche Promotion sie machen möchten, was sie auf der Konferenz gesehen haben oder ob sie Frettchen mögen. Sie werden vielleicht feststellen, dass es eine Menge Gesprächsstoff gibt.

9.5 Zusammenfassung

Postersessions sind eine ehrwürdige Methode, Forschung zu präsentieren – jeder sollte irgendwann einmal ein Poster präsentieren. Sie sind eine informelle Möglichkeit, über Ihre Arbeit zu sprechen und Menschen mit ähnlichen Interessen zu

9.5 Zusammenfassung

treffen. Ein Poster zu präsentieren, ist nicht so kompliziert: Selbst bei Ihrem ersten Poster können Sie sehr gute Arbeit leisten, also machen Sie sich keine Sorgen, wenn Sie ein Neuling sind. Stecken Sie einige Zeit in das Erstellen des Posters, holen Sie sich Rückmeldung von Ihrem Betreuer und üben Sie Ihre Präsentation. Mit einiger Vorbereitung werden Sie für die Postergestaltung das sein, was der Gewinner der olympischen Goldmedaille im Gewichtheben für seine Konkurrenten ist: Die Forscher werden Ihre Fähigkeiten der Postergestaltung fürchten.

Sie müssen den Vorlesungssaal verlassen, um fachliche Fähigkeiten aufzubauen. Ein Poster zu präsentieren, ist weit genug von einem Vorlesungssaal entfernt. Sie sind in eine andere Stadt gereist und haben Fremden – einige von diesen waren Professoren und Doktoranden – über ein Forschungsprojekt berichtet. Die Verwandlung vom Studenten zum Experten ist fast vollzogen.

Kapitel 10
Präsentation eines wissenschaftlichen Vortrags: Wie man seine zwölf Minuten Ruhm überlebt

Wir haben gehört, Umfragen hätten herausgefunden, dass Menschen öffentliches Reden mehr fürchten, als zu sterben. Wir bezweifeln das – die Umfragen haben vermutlich gefürchtete Ereignisse wie „das Verbot, ein Mobiltelefon zu besitzen", „eine Attacke durch Kehlstreifpinguine" oder „den Zwang, in Zentralkanada zu wohnen" ausgelassen –, aber die Eckpunkte sind wahr: Die meisten Menschen vermeiden öffentliches Reden. Nur die Extravertierten und Marketingstudenten genießen es; bei dem Rest von uns ruft eine bevorstehende Rede Angst hervor und führt zu einem Abstecher zur Apotheke. Aber Sie müssen damit fertig werden. Wenn Sie ein Masterstudium oder Graduiertenprogramm besuchen, werden Sie in Seminaren Präsentationen halten, auf Forschungskonferenzen vortragen, Gastvorlesungen geben und Bachelorkurse unterrichten. Wenn Sie nach dem Bachelorstudium arbeiten möchten, beinhalten die meisten Jobs, die Sie machen möchten, öffentliches Reden. Es ist besser, diese Fähigkeiten jetzt auszubilden, als Ihre Ängste später im Job überwinden zu müssen.

Vortragen ist ein großer Teil der psychologischen Forschung. Wenn Sie möchten, dass Menschen von Ihrer Arbeit erfahren, dann müssen Sie ihnen davon erzählen. Auf Konferenzen werden Sie viele trockene, gestelzte Forschungsvorträge hören. Jeder Vortrag folgt dem gleichen Aufbau und hat das gleiche Zeitlimit. Dieses Kapitel zeigt Ihnen, wie Sie einen solchen Vortrag halten. Wir werden Ihnen das A und O des Schreibens, der Übung und der Präsentation Ihres Forschungsvortrags beibringen – den trockenen, gestelzten Teil zu lernen, liegt an Ihnen.

10.1 Der 15-Minuten-Konferenzvortrag

Die meisten Vorträge auf Psychologiekonferenzen halten den gleichen Aufbau ein. Das liegt nicht nur daran, dass Psychologen ein Haufen konformer Schafe sind – natürlich sind wir das –, sondern daran, dass ein Standardformat den Forschern die Vorbereitung ihres Vortrags erleichtert. Der Vortragende weiß, was erwartet wird, und die Zuhörer wissen, was sie erwartet. Der Vortragende hat in einem regulären Vortrag 15 min Zeit, um seine Forschung zu beschreiben. Der Vortrag dauert idealerweise zwölf Minuten und lässt drei Minuten Zeit für die Fragen der Zuhörer übrig. Wenn sich zwölf Minuten für Sie lang anhört, dann können wir Ihnen versichern, dass es kürzer ist, als Sie denken. Die 15-Minuten-Vorträge sind in Sitzungen (*sessions*) zu einem bestimmten Thema gruppiert. Beispielsweise könnte eine 90-minütige Sitzung, die sich dem Thema „Neue Forschung in der sozialen Entwicklung" widmet, aus sechs 15-Minuten-Vorträgen hintereinander bestehen. Da ein Vortrag direkt auf den nächsten folgt, ist es verheerend, wenn ein Vortragender zu viel Zeit in Anspruch nimmt. Wenn jemand sein Zeitlimit überzieht, dann müssen die anderen Vortragenden ihre Vorträge kürzen, um insgesamt im Zeitplan zu bleiben. Deshalb ist es – neben der Verunstaltung eines Posters, Menschen mit böswilligen Fragen zu traktieren und jemandem den Flachmann aus der Tasche zu stehlen – eine Kardinalsünde, auf Konferenzen zu lange zu sprechen.

Lassen Sie uns einen Punkt klarstellen: Sprechen Sie nicht zu lange. Niemand hat jemals einen Vortrag kritisiert, weil er eine angemessene Länge hatte. Wenn Sie 15 min Zeit haben, dann verwenden Sie nicht mehr als 15 min. Sie werden Vortragende erleben, die einfach immer weiterreden, aber das macht es nicht besser. Die Zuhörer werden unruhig, der Moderator wird aufgeregt, und die anderen Vortragenden werden wütend, weil der geschwätzige Vorgänger ihre Redezeit verkürzt. Den Vortrag zu überziehen, ist demütigender, als wenn die Zuhörer erfahren, dass Sie während des Vortrags Ihr Glücksfrettchen unter dem Jackett versteckt hatten. Wenn Sie nichts anderes richtig machen, halten Sie zumindest den Vortrag in unter 15 min. Noch einmal mit Nachdruck: Halten Sie keinen zu langen Vortrag.

Jede Sitzung hat einen Moderator, der die Vortragenden vorstellt, ihnen hilft, ihre Präsentation einzustellen, die Funktionsfähigkeit des Equipments sicherstellt und die Zeit im Auge behält. Die Vortragenden kommen frühzeitig, um ihre Folien auf den Computer zu übertragen. Jeder hält dann seinen Vortrag in der im Konferenzprogramm angegebenen Reihenfolge. Der Moderator sitzt vorn und überwacht die Vortragszeiten. Die meisten Moderatoren halten kleine Schilder hoch, auf denen beispielsweise steht: „Noch 5 Minuten", „Noch 2 Minuten" und „Ende". Wenn Zeit für Fragen zur Verfügung steht, lädt der Moderator zu einigen Fragen ein und stellt dann den nächsten Vortragenden vor. Nach der Sitzung kann es sein, dass einige Interessierte Sie noch etwas zu Ihrem Vortrag fragen.

10.2 Vortrag vorbereiten

10.2.1 Das A und O

Einige Studierende möchten einfach anders sein und zeigen dies, indem sie die üblichen Computerprogramme vermeiden und obskure Programme verwenden, die sie in einer verstaubten Ecke des Internets gefunden haben. Wenn Sie Joe's Slideshow Microsoft PowerPoint vorziehen ist das gut für Sie, aber Ihr Vortrag wird auf einem fremden Computer präsentiert, wahrscheinlich einem Laptop mit Windows.

10.2 Vortrag vorbereiten

Auf dem Laptop wird PowerPoint vorhanden sein, aber wahrscheinlich nichts anderes, so dass Sie für Ihre Folien PowerPoint verwenden sollten. Aus dem gleichen Grund sollten Sie gängige Schriftarten verwenden, die auch auf anderen Computern vorhanden sind. Bleiben Sie bei den serifenlosen Windows-Schriftarten (z. B. Arial, Helvetica, Verdana), es sei denn, Sie wollen einem fremden Publikum gerne Folien voller ASCII-Zeichen präsentieren. Ziehen Sie Ihre Wolle über und folgen Sie der Herde: Schließlich ist dies eine Psychologiekonferenz.

10.2.2 Foliendesign

Wenn Sie unsere Ratschläge zur Erstellung eines Posters in Kapitel 9 gelesen haben, dann wissen Sie, was wir sagen werden: Gestalten Sie einfache Folien. Die Folien brauchen nicht so viele Informationen zu beinhalten, dass sie für sich allein aussagekräftig sind; dies ist kein Manuskript, das die Menschen lesen. Die Folien helfen den Zuhörern zu verstehen, was Sie sagen – sie unterstützen Ihren Vortrag, nicht umgekehrt. Sie sind die Hauptattraktion. Übersichtliche Folien sind besser als überfrachtete. Stichpunkte sind besser als ganze Sätze; beides ist besser als Textabschnitte, die Ihre Abscheu gegen alles zeigen, was kurz und präzise ist. Wie bei Postern sollten Sie serifenlose Schriftarten in einer großen Schriftgröße verwenden. Zuhörer in der letzten Reihe des Raumes sollten in der Lage sein, auch den kleinsten Text auf Ihren Folien zu lesen.

Um tolle Folien zu gestalten, können Sie die Designvorlagen von PowerPoint nutzen. Wenn Sie die Designvorlagen nicht mögen, können Sie es ganz klassisch halten: schwarzer Text auf weißem Hintergrund. An Schwarzweiß gibt es nichts auszusetzen: Es ist einfach, kontrastreich und gut lesbar. Lassen Sie sich nicht zu komplexen Animationen oder verblüffenden Übergängen zwischen den Folien verleiten. Sie scheinen eine gute Idee zu sein, wenn Sie alleine in Ihrem Zimmer sitzen und an Ihren Folien herumbasteln, aber sie wirken auf einer Konferenz albern. Behalten Sie die einfachen Animationen und Übergänge bei. Psychologie ist keine schrille Wissenschaft, und Psychologen sind keine schrillen Menschen. Heben Sie sich die hyper-dynamischen Präsentationen für Ihre Vorträge auf Konferenzen zu Innenarchitektur auf.

Wir haben für dieses Kapitel einen wissenschaftlichen Beispielvortrag erstellt (Abb. 10.1). Die Daten sind fiktiv – und die Hypothese ist lächerlich –, aber der Aufbau und das Layout sind seriös. Um zu zeigen, dass schwarzweiße Folien keine Schande sind, verwenden wir schwarzen Text auf weißem Hintergrund. Des Weiteren nutzen wir offene, übersichtliche Folien, um Argumente für Spärlichkeit zu liefern. Dies sind die spärlichsten Folien, die Sie sehen werden, also können Sie in Ihrer Präsentation gerne detaillierter sein. Wir haben Verdana verwendet, eine serifenlose, auf Windows-Computern verfügbare Schriftart. Unsere Präsentation umfasst sechs Folien für einen zwölfminütigen Vortrag – damit haben wir pro Folie zwei Minuten Zeit. Planen Sie für Ihre Präsentation mindestens eine Minute pro Folie ein.

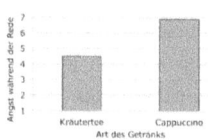

Abb. 10.1 Beispielpräsentation

10.2.3 Die erste Folie

Die Präsentation beginnt mit der ersten Folie, die meistens bereits zu sehen ist, wenn Ihr Vortrag vorgestellt wird. Die erste Folie unserer fiktiven Präsentation beinhaltet den Titel des Vortrags, die Autoren, die Institutionen der Autoren, den Namen der Konferenz und die Kontaktinformationen des Vortragenden. Bei der ersten Folie kann man kaum etwas falsch machen, also beschäftigen Sie sich nicht zu sehr damit. Nennen Sie während des Vortrags Ihren Namen und den Namen der Präsentation wie etwa „Hi, ich bin Paul Silvia und werde heute darüber sprechen, ob Koffein die Angst vor öffentlichem Reden reduziert". Machen Sie dann mit der Einleitung weiter.

10.2.4 Einleitung

Wie die Einleitung in einem Artikel beschreibt die Einleitung eines wissenschaftlichen Vortrags den Kontext Ihrer Forschung. Worum geht es in Ihrer Studie? Welches Hintergrundwissen braucht das Publikum, um die Forschung zu verstehen? Eine präzise Einleitung anzufertigen, ist schwieriger, als es klingt, aber versuchen Sie, sich kurz zu fassen. Die Zuhörer können Fragen stellen, wenn sie mehr Details wissen möchten. Unsere Einleitung besteht aus zwei Folien. Beachten Sie, dass wir kurze Formulierungen verwendet haben. Wir haben Forschung sparsam zitiert und aus Gründen der Übersichtlichkeit die zitierte Literatur kleiner dargestellt. Die erste Folie stellt den Begriff der Angst vor öffentlichem Reden vor. Hier würden wir darüber sprechen, dass diese Angst die meistverbreitete Phobie ist, und einige Statistiken anführen, die wir auswendig gelernt haben. Dann kämen wir kurz auf die wichtigsten Behandlungsansätze zu sprechen: Exposition, positive Visualisierung und systematische Desensibilisierung. Nach der Beschreibung dieser Möglichkeiten würden wir darauf hinweisen, dass es nett wäre, eine kurze, günstige und effektive Behandlungsmethode zu haben.

Dann gehen wir weiter zur nächsten Folie und stellen die Forschungsfrage vor. Wir würden unsere Hypothese erklären – Koffein reduziert Ängstlichkeit – sowie die Theorien und die Forschung beschreiben, die uns zu dieser Vorhersage geführt haben. Zu dieser Folie würden wir hervorheben, dass Koffein bei den meisten Menschen einen beruhigenden Effekt hat, so dass es die ängstlichen Gefühle dämpfen sollte. Da Koffein einfach verfügbar ist, erscheint es als vielversprechendes Mittel, Menschen zu helfen, die in Kürze eine Rede halten müssen.

10.2.5 Methode

Der Methodenabschnitt beschreibt die Versuchsteilnehmer und das Versuchsdesign. Brechen Sie die Methode auf das Grundlegende herunter. Wer hat teilgenommen? Was waren die unabhängigen und die abhängigen Variablen? Wie haben Sie das gemessen, was Sie gemessen haben? Wie war das Vorgehen? Auf unserer Folie würden wir kurz die Stichprobe von Studierenden beschreiben, die freiwillig teilgenommen haben. Wir haben die Menge an Koffein variiert, die die Versuchsteilnehmer vor dem Halten einer Rede eingenommen haben (unsere unabhängige Variable oder UV): Die Teilnehmer haben entweder einen Cappuccino oder einen Kräutertee getrunken. Nachdem die Versuchsteilnehmer erfahren haben, dass sie eine zehnminütige Rede vor einem kleinen Publikum im Nebenraum halten müssen, haben wir ihre selbstberichteten Angstgefühle gemessen (unsere abhängige Variable oder AV).

10.2.6 Ergebnisse

Präsentieren Sie auf den Ergebnisfolien Ihre wichtigsten Befunde. Ihre Zuhörer möchten erfahren, was Sie herausgefunden haben, also werden Sie langsamer und nehmen Sie sich Zeit für Ihre Ergebnisse. Wie bei den Postern möchten Sie Ihre Ergebnisse anschaulich präsentieren. Auf unserer Folie haben wir ein Balkendiagramm erstellt, das das mittlere Level an Ängstlichkeit in jeder Bedingung zeigt. Unser fiktives Experiment hat nur zwei Bedingungen; wir hätten auch einfach die Mittelwerte auf der Folie auflisten können, aber anschauliche Darstellungen sind überzeugender. Während Sie vortragen, sollten Sie die Abbildungen für Ihre Zuhörer erläutern. Die Zuhörer schätzen es, wenn der Vortragende Ihnen hilft, sich in der Grafik zurechtzufinden. In unserer einfachen Abbildung würden wir zunächst darauf hinweisen, dass unsere x-Achse die UV (Menge an Koffein) und die y-Achse die AV (selbstberichtete Angst) zeigt. Dann würden wir hervorheben, dass die Angst in der Cappuccino-Bedingung höher war als in der Kräutertee-Bedingung – ein signifikantes Ergebnis, das unserer Voraussage widerspricht. Für die Neugierigen haben wir ebenfalls das Ergebnis eines t-Tests angegeben.

10.2.7 Diskussion

Das Ende naht – Sie sind bereits bei der Diskussion. Halten Sie Ihre Diskussion kurz. Das Publikum hat bereits gehört, was Sie gemacht haben und warum Sie es gemacht haben, das heißt, es braucht keine Zusammenfassung dessen, was Sie vor sechs Minuten gesagt haben. Heben Sie stattdessen einfach die wichtigsten Befunde und die wesentlichen Schlussfolgerungen oder Konsequenzen hervor. Auf unserer Folie haben wir die Ergebnisse des Experiments erneut dargestellt und auf eine Schlussfolgerung verwiesen, die wir aus dem Experiment ziehen würden. Wissenschaftliche Vorträge besitzen keine Abschnitte mit Referenzen, so dass Sie keine Folie für die Studien machen müssen, die Sie zitiert haben. Wenn ein Zuhörer sich für eine Literaturangabe interessiert, würde er am Ende der Sitzung danach fragen.

10.2.8 Fragen

Nach Ihrer Folie zur Diskussion ist es Zeit für Fragen. Beenden Sie Ihren Vortrag, indem Sie etwas Einfaches und Freundliches sagen, wie etwa „Vielen Dank" oder „Kann ich einige Fragen beantworten?". Die Zuhörer werden klatschen und dann Fragen stellen. Es ist schwer vorherzusagen, was Menschen fragen werden, aber machen Sie sich keine Sorgen, von gemeinen Fragen gelöchert zu werden – dies ist kein Kreuzverhör. Beantworten Sie die Fragen höflich und kurz; wenn der Moderator ein Zeichen gibt, dass es Zeit für den nächsten Vortrag ist, können Sie sich hinsetzen, tief ein- und ausatmen und heimlich Ihrem Glücksfrettchen etwas Gutes tun.

10.3 Sind Sie schon nervös?

Angst vor öffentlichem Reden ist wahrlich kein Vergnügen, insbesondere nicht für diejenigen Studierenden, die Konferenzen besuchen. Als Student ist es ganz normal, nervös zu sein, wenn Sie Ihre Forschung einer Gruppe von anderen Studenten, Doktoranden und Professoren vorstellen. Wie können Sie mit Ihrer Angst umgehen? Sie haben wahrscheinlich im Rahmen des Studiums an einem Kurs zur Kommunikation teilgenommen, in dem Sie über effektives öffentliches Reden gesprochen haben. Die meisten Tipps zum Umgang mit Angst, die Sie bekommen haben – positive Visualisierung, positives Selbstgespräch – sind gut, aber es gibt nur eine Sache, die tatsächlich funktioniert. Wahrscheinlich möchten Sie dies nicht hören, aber Exposition ist das effektivste Verfahren gegen Angst vor öffentlichem Reden. Wenn Sie Angst davor haben Vorträge zu halten, dann ist das Heilmittel, Vorträge zu halten – Jahrzehnte effektiver Verhaltenstherapie haben dies gezeigt. Mit der Zeit werden Sie sich weniger nervös fühlen – und irgendwann werden Sie öffentliches Reden genießen.

Wie können Sie also Erfahrung im öffentlichen Reden sammeln? Sie sollten es keinesfalls vermeiden. Vermeidung fühlt sich besser an, aber sie hält uns davon ab, dem ausgesetzt zu sein, wovor wir uns fürchten. Das Beste, was Sie tun können, ist, Ihren Konferenzvortrag vor Publikum zu üben. Sie können mit einem Publikum bestehend aus Ihren Kuscheltieren und Teddybären beginnen. Wenn Sie erst einmal deren gläsernes Starren überstanden haben, gehen Sie über zu Ihren Freunden. Laden Sie Ihre Freunde, Mitbewohner und Verwandten ein, sich Ihren Vortrag anzuhören. Sie können vielleicht nicht viel zum Inhalt sagen, aber das macht nichts – sie sind nicht da, um Ihrer Statistik auf den Zahn zu fühlen. Halten Sie Ihren Vortrag vor anderen Studierenden, die in Ihrem Forschungslabor arbeiten, und vor Ihrem Forschungsbetreuer. Übung macht Sie selbstbewusst; Exposition macht Sie ruhig.

Übungsvorträge werden Ihnen Rückmeldung zu Ihren Folien und Ihrem Vortragen einbringen. Sind die Folien zu überfüllt? Sprechen Sie zu schnell? Wenn Sie Ihren Vortrag üben, messen Sie Ihre Zeit. Für eine realistische Konferenzerfahrung können Sie einen Freund im Publikum bitten, Zeitmarken hochzuhalten. Bitten Sie diesen, nach zehn Minuten ein „5 Minuten"-Schild, nach 13 min ein „2 Minuten"-Schild und nach 15 min ein „Jetzt Stopp – aus Liebe zur Menschheit!"-Schild zu zeigen. Denken Sie daran, das Einzige, wovor Sie sich fürchten, sind (a) die Angst selbst und (b) das Zeitlimit zu überschreiten.

Gurus im öffentlichen Reden empfehlen, ein Video von sich selbst aufzunehmen. Dies ist ein guter Ratschlag. Bitten Sie einen Freund im Publikum, die Videofunktion seines Mobiltelefons zu nutzen; sehen Sie es sich nach Ihrem Vortrag an. Menschen sind oft erschreckt, was sie sehen. Die Aufnahme enthüllt alle Ihre Eigenarten und kleinen Sünden, beispielsweise wie Sie Ihr Gewicht verlagern, über das Publikum hinwegsehen oder die Präsentation anschauen, anstatt in den Raum zu sehen. Aber das Beste daran ist: Sie werden feststellen, dass Sie nicht so nervös aussehen, wie Sie sich fühlen. Sie werden überrascht sein. Die meisten Menschen fühlen sich nervös, erscheinen aber relativ ruhig. Angst lässt Sie vielleicht etwas formell und gekünstelt aussehen, aber nicht zitternd und stotternd. Vertrauen Sie uns – Forschung zur Angst vor öffentlichem Reden zeigt, dass Menschen überschätzen, wie ängstlich sie erscheinen (Rapee und Lim 1992).

Die einzige Möglichkeit, Ihre Angst zu vermindern, ist, Ihren Vortrag vor Publikum zu üben. Andere Tricks, von denen Sie hören, können nicht schaden, aber nichts kann Generalproben ersetzen. Wenn Sie der Gedanke, einen Vortrag vor Ihren Freunden oder Ihrer Forschungsgruppe zu halten, verängstigt, dann stellen Sie sich vor, wie Sie sich fühlen, wenn Sie Ihren Vortrag in einem Raum vor lauter fremden Menschen halten sollen. Üben, üben, üben. Als kleinen Tipp empfehlen wir Ihnen, nicht zu versuchen, Ihren Vortrag auswendig zu lernen, auch wenn das Auswendiglernen der ersten beiden Sätze keine schlechte Idee ist. Das Gedächtnis ist etwas Anfälliges, insbesondere wenn Sie nervös sind. Erstellen Sie einige Notizen oder nutzen Sie Ihre Folien als Stichwörter. Und machen Sie keine Kommentare über Ihre Nervosität: Gehen Sie einfach nach vorn, geben Sie Ihr Bestes, setzen Sie sich und seien Sie stolz.

Es hilft zu wissen, dass Ihr Publikum nicht so furchterregend, feindselig oder aufmerksam ist, wie Sie es erwarten. Eine der traurigen Wahrheiten des Erwachsenseins ist, dass Menschen uns nicht so viel Aufmerksamkeit schenken, wie wir denken. Ja, die Menschen sitzen dort und hören Ihrem Vortrag zu, aber sie widmen diesem nicht 100 % ihrer Intelligenz und versuchen nicht, diesen zu zerreißen. Stattdessen werden sie wahrscheinlich Folgendes über Ihren Vortrag denken:

- Ja, das war ein guter Vortrag.
- Das war ein Bachelorstudent? Wow. Ich hätte mir in die Hosen gemacht, wenn ich als Bachelorstudent einen Vortrag hätte halten müssen.
- Ich bin froh, dass dieser Vortragende hier ernsthafter war als der letzte; die schlechten Witze dieses Typen waren verwirrend.
- Zur Hölle damit, wo ist der Kaffee? Ich möchte ja niemandem zu nahe treten, aber wenn das notwendig ist, um in dieser verfluchten Stadt etwas Koffein zu bekommen, dann werde ich es tun.
- Dieser Masterstudent hat einen guten Job gemacht.

Noch eine Bemerkung zum letzten Kommentar: Wenn Sie sich nicht als Bachelorstudent zu erkennen geben, werden Ihre Zuhörer annehmen, dass Sie ein Masterstudent im ersten Jahr sind. Warum ihre Vermutungen zunichte machen?

Tun Sie sich selbst etwas Gutes nach ihrem Vortrag. Sie fühlen irgendeine negative Verstärkung – das Ende Ihrer Angstgefühle –, aber positive Verstärkung macht mehr Spaß. Lassen Sie sich massieren, gönnen Sie sich ein schönes Mittagessen oder adoptieren Sie ein Frettchen aus dem Tierheim. Dann machen Sie das Ganze noch einmal auf einer anderen Konferenz. Exposition ist das einzige Heilmittel für Angst vor öffentlichem Reden, deshalb wird es einige Präsentationen dauern, bis Sie sich dabei wohlfühlen. Konferenzvorträge werden, wie alles andere, mit Übung und Erfahrung einfacher.

10.4 Präsentation Ihres Vortrags

Erkunden Sie zu Beginn der Konferenz, wo Sie Ihren Vortrag halten werden. Sie werden sich wohler fühlen, wenn Sie wissen, wo der Raum ist. Am Tag Ihres Vortrags sollten Sie 15 min vorher da sein, damit Sie Ihre Folien auf den Computer überspielen können. Weil Sie besorgt sind, haben Sie die Folien in weiser Voraussicht an vielen Orten gespeichert: auf Ihrem USB-Stick, in Ihrem E-Mail-Postfach und auf dem USB-Stick eines Freundes. Laden Sie die Folien auf den Computer, überprüfen Sie, ob alles gut aussieht, und sagen Sie dann „Hallo" und unterhalten sich mit dem Moderator und den anderen Vortragenden. Für den Vortrag selbst geben Sie alles. Nach Ihrer ganzen Überei werden Sie wie eine Maschine funktionieren.

Die meisten Menschen gehen per Tastendruck oder Mausklick zur nächsten Folie über. Diese Methoden sind gut – wir möchten keineswegs die klassischen Methoden kritisieren –, aber cooler ist es, wenn Sie eine kabellose Fernbedienung verwenden. Diese wird auch *Wireless Presenter* oder *Präsentationsfernbedienung* genannt und dient der Fernsteuerung Ihrer Folien. Dazu stecken Sie ein Gerät in den USB-Anschluss des Computers und halten eine kleine Fernbedienung in der Hand. Mit dieser können Sie in den Folien vor und zurück gehen; einige haben auch Laserpointer, die hilfreich sind, um auf einzelne Zuhörer zu zeigen, die vergessen haben Ihre Mobiltelefone auszuschalten.

10.5 Richtiges Zuhören

Sie halten keinen Vortrag? Wissenschaftlichen Vorträgen zuzuhören, hat seine eigenen Regeln. Erstens, stellen Sie Ihr Mobiltelefon aus. *Ausstellen* heißt: kein Klingeln, keine Vibration, keine blinkenden Lichter. Wenn Ihr Mobiltelefon während des Vortrags klingelt, vibriert oder blinkt, werden alle zu Ihnen schauen und Sie werden sich peinlich berührt fühlen. Ein weiterer Grund für das Ausschalten des Mobiltelefons ist, die Versuchung zu vermeiden, Nachrichten zu checken, eine SMS an einen Freund zu schicken oder ein paar Telefonnummern einzugeben, die Sie auf der Konferenz gesammelt haben. Sie sind in einem Fachvortrag, umgeben von anderen fachkundigen Psychologen; heimlich Ihre Nachrichten anzusehen, stempelt Sie als Studenten in einem großen Vorlesungssaal ab, nicht als Fachkundigen auf einer Konferenz. (Wenn Sie Professoren sehen, die heimlich ihre Nachrichten während eines Vortrags checken, können Sie sich über deren amateurhaftes Verhalten lustig machen.) Zweitens, unterbrechen Sie keinen Vortrag, um eine Frage zu stellen. Es gibt am Ende des Vortrags Zeit für Fragen. Wenn nicht – immerhin brauchen einige Vortragende zu viel Zeit –, wird am Ende der Sitzung noch Zeit dafür sein.

Neben den grundlegenden Verhaltensregeln sollten Sie die Möglichkeit ergreifen, etwas zu lernen. Selbst Vorträge, die nur entfernt mit Ihren Interessen zu tun haben, bieten die Chance, etwas Neues zu lernen. Sie wissen nie, woher Inspiration kommen kann: Sie könnten eine neue Art von Versuchsdesign, einen neuen statistischen Trick oder ein neues Konzept kennenlernen, das Ihre Forschung verbessert. Denken Sie kritisch über die Forschung nach und achten Sie darauf, was gut daran ist. Es braucht Einsicht, um den Wert einer Studie zu erfassen. Kritisches Denken heißt nicht, alles ins Lächerliche zu ziehen – es heißt, Forschung im Hinblick auf andere Arbeiten und andere Theorien zu bewerten.

10.6 Zusammenfassung

Viele Menschen denken, dass öffentliches Reden etwas ist, für das man geboren wurde oder für das man nicht geboren wurde. Wenn dies stimmt, wurden die meisten von uns nicht dafür geboren. Sie werden für den Rest Ihres Arbeitslebens Präsentationen halten, also ist jetzt die Zeit zu lernen, wie man dies macht. Wie bei allem anderen kommt die Kompetenz im öffentlichen Reden durch Übung. Wenn Sie sich einige Richtlinien merken, diese üben und sich Rückmeldungen holen, werden Sie ein guter öffentlicher Redner. Sie werden es nicht lieben, aber Sie werden es gut machen.

Nichts lässt Sie sich weniger als Student fühlen, als einen Vortrag zu halten, zu Fragen aufzufordern und einen Professor seine Hand heben zu sehen, um Sie etwas zu fragen. Wenn Sie einen Vortrag auf einer Konferenz gehalten haben, gibt es nichts mehr, was wir Ihnen noch beibringen können. Wie in den klassischen Kung-Fu-Filmen ist der Schüler nun zum Meister geworden. Gut gemacht.

Kapitel 11
Nachwort

Gemäß der Statistik, dem Freund des Psychologen, werden Sie wahrscheinlich einen akademischen Grad erlangen. Der Tag Ihres Abschlusses mag noch weit entfernt sein – diese verschwendeten Semester als Marketingstudent werden Sie bis ins Grab verfolgen –, aber die Gewinnchancen stehen zu Ihren Gunsten. Der Tag Ihres Abschlusses ist eine glückliche Zeit. Entfernte Verwandte werden Ihnen Glückwünsche senden (Übersetzung: Es gibt Geldgeschenke), Ihre Familie wird für die Abschlussfeier in die Stadt kommen (Übersetzung: Sie werden in schicke Restaurants zum Essen eingeladen) und Dutzende von Menschen werden Sie fragen „Und, was machen Sie als Nächstes?" (Übersetzung: Sie erhalten einen ungeheuren Impuls). Was kann man daran nicht mögen?

Aber das Leben nach dem Abschluss ist auch eine wehmütige Zeit. Viele Studenten stellen fest, dass sie die Universität vermissen. Das stimmt – viele Studenten vermissen die Universität, und das sollten sie auch. Das Leben an der Uni ist damit verbunden, Menschen zu treffen, neue Dinge zu lernen und herauszufinden, wie Ihre Zukunft einmal aussehen kann. Im Gegensatz dazu bringt das Leben in der realen Welt mit sich, dass Sie Ihren Wecker stellen, Steuerformulare ausfüllen und Ihren Wäschetrockner regelmäßig warten. Sie werden auf Ihre Zeit an der Universität aus einer neuen Perspektive zurückblicken und sich vielleicht wünschen, dass Sie Dinge anders gemacht hätten.

Viele ehemalige Studenten haben uns erzählt, dass sie nicht so viel aus dem Studium mitgenommen haben, wie sie sich erhofft hatten. Einige Studenten haben Leistungspunkte angehäuft, um vorzeitig ihren Abschluss zu machen, nur um festzustellen, dass ihnen die praktischen Kenntnisse fehlen, um bei der Stellensuche konkurrenzfähig zu sein. Andere Studenten haben pflichtbewusst ihre Kurse besucht und sehr gute Noten erhalten, nur um festzustellen, dass sie Stellenangebote an solche Studenten verlieren, die zwar schlechtere Noten, aber mehr praktische Erfahrung haben. Viele Studenten entscheiden sich für ein Masterstudium oder eine Promotion, nur um zu spät festzustellen, dass sie Forschungserfahrung brauchen, um konkurrenzfähig zu sein.

Aber kein Studierender hat uns erzählt, dass er es bereut hat, zu engagiert gewesen zu sein, zu viel Zeit mit der Psychologie verbracht oder zu viele nützliche Fähigkeiten erlernt zu haben. Ob Sie planen, den Master zu machen oder eine Karriere zu beginnen: Ihre Bachelorjahre sind Ihre letzte Chance, sich auf ein Leben nach der Universität vorzubereiten. Die Universität ist wie die Kindheit – sie ist kürzer und kostbarer, als Sie denken, deshalb nehmen Sie so viel mit, wie Sie können.

Ihre Universität bestimmt Ihren Psychologieabschluss, indem Sie Minimalanforderungen festlegt: Um Ihren Abschluss zu erhalten, brauchen Sie eine Mindestzahl an Leistungspunkten, eine Mindestzahl an Kursen unterschiedlicher Art und eine durchschnittliche Mindestnote. Das ist alles. Sie haben die Anforderungen, um einen Abschluss zu erreichen, vielleicht bisher nicht als Mindestanforderungen gesehen, aber das ist es, was sie sind. Ihre Universität setzt nicht voraus, dass Sie sich engagieren, eine Fachbuchsammlung anlegen, zu Konferenzen gehen, Fachverbänden beitreten oder Ihre Möglichkeiten zur praktischen Forschung wahrnehmen. Der Aufbau von Forschungserfahrung und fachlichen Qualifikationen erfordert, dass Sie Verantwortung für Ihre berufliche Entwicklung übernehmen und den Vorlesungssaal für die unmittelbare Psychologie verlassen. Ihre Universität, Ihr Fachbereich und Ihre Professoren werden Sie nicht dazu bringen, dies zu tun. Es liegt an Ihnen, also fangen Sie damit an – Ihr „Ich" am Tag des Abschlusses wird sich für die Antwort auf die Frage „Und, was werden Sie als Nächstes tun?" bedanken.

Anhang

Gute Bücher für Ihre eigene Fachbuchsammlung

Es ist nie zu spät für eine eigene Fachbuchsammlung. Hier sind einige Bücher, die wir hilfreich finden. Fast alle sind als Taschenbuch erhältlich, so dass Sie eine große Fachbuchsammlung aufbauen können, ohne als Au-pair arbeiten zu müssen.

Das Leben nach dem Bachelor: Masterstudium/Graduiertenprogramm und Arbeitsleben

American Psychological Association (2007). *Getting in: A step-by-step plan for gaining admission to graduate school in psychology (2. Aufl.).* Washington, DC: Author.

Horndasch, S. (2010). *Master nach Plan. Erfolgreich ins Masterstudium: Auswahl, Bewerbung, Finanzierung, Auslandsstudium.* Mit Musterdokumenten. Heidelberg: Springer.

Palladino Schultheiss, D. E. (2008). *Psychology as a major: Is it right for me and what can I do with my degree?* Washington: American Psychological Association.

Statistik und Forschungsmethoden

Abelson, R. P. (1995). *Statistics as principled argument.* Hillsdale: Erlbaum.

Field, A. (2009). *Discovering statistics using SPSS(Introducing Statistical Methods Series)* (3. Aufl.). London: Sage.

Lockhart, R. S. (1997). *Introduction to statistics and data analysis for the behavioral sciences.* New York: Freeman.

Nolan, S. A., & Heinzen, T. E. (2008). *Statistics for the behavioral sciences.* New York: Worth.

Salkind, N. J. (2008). *Statistics for people who (think they) hate statistics* (3. Aufl.). Thousand Oaks: Sage

Akademisches Schreiben

APA (American Psychological Association). (2009). *Publication manual of the American Psychological Association* (6. Aufl.). Washington: APA.

Baker, S. (1969). *The practical stylist* (2. Aufl.). New York: Crowell.

Hale, C. (1999). *Sin and syntax: How to craft wickedly effective prose.* New York: Broadway.

Silvia, P. J. (2007). *How to write a lot: A practical guide to productive academic writing.* Washington: APA.

Sternberg, R. J. (Hrsg.). (2000). *Guide to publishing in psychology journals.* Cambridge: Cambridge University Press.

Sternberg, R. J. (2003). *The psychologist's companion: A guide to scientific writing for students and researchers (3. Aufl.).* Cambridge, England: Cambridge University Press.

Zinsser, W. (2006). *On writing well* (30th anniversary edition). New York: HarperCollins.

Öffentliches Reden

Kosslyn, S. M. (2007). *Clear and to the point: Eight psychological principles for compelling powerpoint presentations.* New York: Oxford University Press.

Reynolds, G. (2008). *Presentation zen: Simple ideas on presentation design and delivery.* Berkeley: New Riders.

Literatur

APA (American Psychological Association). (2009). *Publication manual of the American Psychological Association* (6. Aufl.). Washington: APA.
Davidson, R. J., Scherer, K. R., & Goldsmith, H. H. (Hrsg.). (2003). *Handbook of affective sciences*. New York: Oxford University Press.
Fine, M. A., & Kurdek, L. A. (1993). Reflections on determining authorship credit and authorship order on faculty-student collaborations. *American Psychologist, 48,* 1141–1147.
Kashima, Y., Foddy, M., & Platow, M. J. (Hrsg.). (2002). *Self and identity: Personal, social, and symbolic*. Mahwah: Erlbaum.
Kitayama, S., & Cohen, D. (Hrsg.). (2007). *Handbook of cultural psychology*. New York: Guilford Press.
Landrum, R. E. (2008). *Undergraduate writing in psychology: Learning to tell the scientific story*. Washington: APA.
Lewis, M., Haviland-Jones, J. M., & Feldman Barrett, L. (Hrsg.). (2008). *Handbook of emotions* (3. Aufl.). New York: Guilford Press.
Pervin, L. A., & John, O. P. (Hrsg.). (2001). *Handbook of personality* (2. Aufl.). New York: Guilford Press.
Rapee, R. M., & Lim, L. (1992). Discrepancy between self and observer ratings of performance in social phobics. *Journal of Abnormal Psychology, 101,* 728–731.
Ring, K. (1967). Experimental social psychology: Some sober questions about frivolous values. *Journal of Experimental Social Psychology, 3,* 113–123.
Sansone, C., & Smith, J. L. (2000). Interest and self-regulation: The relation between having to and wanting to. In C. Sansone & J. M. Harackiewicz (Hrsg.), *Intrinsic and extrinsic motivation* (S. 341–372). San Diego: Academic Press.
Silvia, P. J. (2007). *How to write a lot: A practical guide to productive academic writing*. Washington: APA.
Stanley, J., Gowen, E., & Miall, R. C. (2007). Effects of agency on movement interference during observation of a moving dot stimulus. *Journal of Experimental Psychology: Human Perception and Performance, 33,* 915–926.
Statistisches Bundesamt. (2011a). Destatis. *Bildung und Kultur, Prüfungen an Hochschulen*, Fachserie 11, Reihe 4.2. Wiesbaden.
Statistisches Bundesamt. (2011b). Destatis. *Bildung und Kultur, Studierende an Hochschulen*, Fachserie 11, Reihe 4.1. Wiesbaden.
Steele, C. M., & Aronson, J. (1995). Stereotype threat and the intellectual test performance of African-Americans. *Journal of Personality and Social Psychology, 69,* 797–811.
Sternberg, R. J. (Hrsg.). (2000). *Guide to publishing in psychology journals*. Cambridge: Cambridge University Press.

Sternberg, R. J. (2003). *The psychologist's companion: A guide to scientific writing for students and researchers* (3. Aufl.). Cambridge: Cambridge University Press.

Zauberman, G., & Lynch, J. G., Jr. (2005). Resource slack and propensity to discount delayed investments of time versus money. *Journal of Experimental Psychology: General, 134,* 23–37.

Zinsser, W. (1988). *Writing to learn.* New York: Quill.

Sachverzeichnis

A
Abbildungen
    auf Postern, 78, 80
    Erklärung von, 90
    Illustration von Statistiken, 58
    in Forschungsartikeln, 49, 59
Abstract (Zusammenfassung), 46
abstraktes Schlussfolgern, 39
administrative Hürden, 13
akademisches Schreiben
    Bücher zu, 63, 98
allgemeine Diskussion, 49
American Psychological Association
    (APA), 29
    Internetlink, 28
    Konferenz, 67
    PsycINFO, 45
    Zeitschriften, 47
American Psychologist (Zeitschrift), 29
analysis of variance (Varianzanalyse), 43
angewandte Vorträge, 70
Angst, 92
Anmeldegebühr, 73
Annual Review of Psychology (Zeitschrift), 45
ANOVA (Varianzanalyse), 43
Antrittsvorlesungen, 30
APA. siehe American Psychological
    Association, 28
APA-Stil, 51, 53
APS. siehe Association for Psychological
    Science, 28
APS Observer (Zeitschrift), 29
Arbeitgeber,
    auf Konferenzen, 70
    und statistische Ausbildung, 40
Artikel, von Experten begutachtete, 54
    als Primärquellen, 45
    empirische vs. Überblicksartikel, 54
    Prozess der Expertenbegutachtung, 52
    Veröffentlichung, 62
Association for Psychological Science (APS), 29
    Internetlink, 28
    Konferenz, 67
    Zeitschriften, 47
Ausdauer, 24
Aussteller, 70
Auswendiglernen, 92
Autor, Stil des, 61
Autorenschaft, 62, 79
Autoritätsperson, 21

B
BDP. siehe Berufsverband Deutscher Psycho-
    loginnen und Psychologen, 28
Begründen einer Idee, 57
Belastbarkeit, 24
Beratung, 26
Berufsverband Deutscher Psychologinnen und
    Psychologen (BDP), 27, 28
Betreuer
    Engagement, 15
    Finden/Auswahl, 11
    Forschungsartikel, 14
    Forschungsstudien, 23
    Fragen, 16
    Hilfe beim Schreiben, 63
    Interessen, 14
    Interview, 12
    junge vs. erfahrene Forscher, 14
    und Massen-E-Mails, 15
    Wichtigkeit, 8
Bibliothekare, 44
Bibliothekskatalog, 45
Blogs, 52
Bücher
    als Quellen für Forschung, 54

kaufen auf Konferenzen, 70
zu akademischem Schreiben, 63, 98
zu Masterstudium/Graduiertenprogramm
   und Arbeitsleben, 97
zu öffentlichem Reden, 98
zu Statistik und Forschungsmethoden, 97
zum Masterstudium, 97
zur Karriere, 97
Bundesvereinigung Psychologiestudierende
   im BDP (BV), 27, 28
BV. siehe Bundesvereinigung Psychologiestudierende im BDP, 28

C
Computerprogramme, 38
Current Directions in Psychological Science
   (Zeitschrift), 29

D
DAAD. siehe Deutscher Akademischer
   Austauschdienst, 11
Datenauswertung, 39
Datenbanken, 44
Datenmanagement, 39
Designvorlagen, 87
Deutsche Gesellschaft für Psychologie
   (DGPs), 28, 67
Deutsche Gesellschaft für Verhaltenstherapie
   (DGVT), 67
Deutscher Akademischer Austauschdienst
   (DAAD), 11
DGPs. siehe Deutsche Gesellschaft für
   Psychologie, 28
DGPs-Stil, 53
DGVT. siehe Deutsche Gesellschaft für
   Verhaltenstherapie, 67
Differentielle Psychologie, 67
Diskussion
   Forschungsartikel, 58
   Forschungsvortrag, 90
   Poster, 80

E
ECP. siehe European Congress of
   Psychology, 67
EFPA. siehe European Federation of
   Psychologists' Associations, 67
EFPSA. siehe European Federation of
   Psychology Students' Associations, 67
eigenständige Studie, 8
Einleitung
   Forschungsartikel, 57
   Forschungsvortrag, 89

Poster, 79
Zeitschriftenartikel, 49
Einschränkungen der Forschung, 58
Eintagsfliegen, 55
E-Mail, 14
empirische Artikel, 54
Engagement für den Forschungsbetreuer, 15
Enttäuschungen, 25
Entwicklungspsychologie, 67
Ephemera. siehe Eintagsfliegen, 55
Ergebnisse
   Forschungsartikel, 58
   Forschungsvortrag, 90
   Poster, 80
Ernsthaftigkeit
   gegenüber dem Betreuer, 16
   gegenüber der Forschung, 16
ESS. siehe European Summer School, 10
ethische Ausbildung, 22
European Congress of Psychology, 67
European Federation of Psychologists'
   Associations (EFPA), 67
European Federation of Psychology
   Students' Associations (EFPSA), 10,
   28, 67
European Summer School (ESS), 10
Experimentelle Psychologie, 67
Exposition, öffentliches Reden, 92

F
Fachbereiche, Psychologen, 10
Fachbuchsammlung, 98
   Aufbau, 31
fachliche Fähigkeiten
   abstraktes Schlussfolgern, 39
   durch Forschungserfahrung, 2, 19
Fachschaft, 10
Forschungsartikel. siehe auch wissenschaftliches Schreiben
   Abschnitte, 59
   als Primärquellen, 43
   als Vorbilder, 63
   Auswahl, 48
   des Betreuers, 14
   Diskussion, 58
   Einleitung, 57
   empirische vs. Reviewartikel, 54
   Ergebnisse, 58
   Fußnoten/Tabellen/Abbildungen, 59
   lesen, 49
   Literatur, 59
   Methode, 57
   PsycINFO, 46

Sachverzeichnis

unveröffentlicht/im Druck, 71
von Experten begutachtete, 54
Forschungsbetreuer. siehe Betreuer, 8
Forschungserfahrung
   als Detektivarbeit, 20
   Beginn, 23
   ethische Ausbildung, 22
   im Sommer, 11
   konkurrenzfähiger Vorteil, 5
   Professionalität, 26
   professionelle Verantwortung, 22
   Routinearbeit, 23
   und Studien des Betreuers, 23
   Veränderung, 2
   Wettbewerbe, 16
   Wichtigkeit, 3
   Zeitmanagement, 24
   Zusammenarbeit, 21
Forschungskolloquien, interne, 30
Forschungsmethoden, 97
Forschungsprogramme im Ausland, 11
Forschungsvorträge, 94
   Diskussion, 90
   Einleitung, 89
   Ergebnisse, 90
   erste Folie, 88
   Foliendesign, 87
   Fragen beantworten, 90
   Fragen stellen, 93
   Fragen stellen, 72
   lang vs. kurz, 68
   Methode, 89
   PowerPoint-Präsentationen, 88
   und Übung, 92
   Vorbereitung, 93
   Zeitlimit, 86
   Zuhören, 94
Fragen beantworten
   zu Forschungsvorträgen, 90
   zu Posterpräsentationen, 82
Freunde, soziale Unterstützung, 25
Fußnoten, 59

G
Gedächtnis- und Furchtforschung, 19
geographische Konferenzen, 67
Gesellschaft für Kognitionswissenschaft (GK), 67
Gesellschaft für Neuropsychologie (GNP), 67
GK. siehe Gesellschaft für Kognitionswissenschaft, 67

GNP. siehe Gesellschaft für Neuropsychologie, 67
Google, 47
Google Scholar, 47

H
Handbücher, 31, 54
Handouts, Poster, 81
Hauptredner (*keynote speaker*), 69
Haustiere, 25
Herausgeberbände, 54
Hilfe beim wissenschaftlichen Schreiben, 63
Hotelkosten, 73
Hypothesen, Ergebnisbeschreibung, 58

I
ICP. siehe International Congress of Psychology, 67
impact factor, 48
Informatik, 32
International Congress of Psychology (ICP), 67
International Union of Psychological Science (IUPsyS), 67
Internet, 55
Internetlinks
   der Bibliothek, 44
   für den Psychologielebensstil, 27
Interviews mit Forschungsbetreuern, 12
ISI Web of Science, 48
IUPsyS. siehe International Union of Psychological Science, 67

J
Journal, 62
Journal of European Psychology Students (Zeitschrift), 62

K
Karriere
   Bücher zur, 97
   Forschungserfahrung, 5
   Ziele, 9
keynote speaker (Hauptredner), 69
Kleidung, 72
Klinische Hypnose, 68
Klinische Psychologie, 66–68
Kognitionspsychologie, 67, 68
Kolloquien, 30
Kompetenz, 24
Konferenzen, 73
   angewandte Vorträge, 70
   Aussteller besuchen, 70

Auszeichnungen, 16
Fragen stellen, 72
geographische vs. thematische, 68
Kleidung, 72
Kontakte knüpfen, 71
Kosten, 73
Postersessions, 70
Teilnahme an Workshops/angewandten
    Vorträgen, 70
thematische, 67
und Psychologielebensstil, 31
Vorteile der Teilnahme, 66
Vorträgen zuhören, 69
Konfidenzintervalle, 40
Kontakte knüpfen, 71
konzeptuelle Formeln, 38, 39
Kosten
    Hotel, 73
    Konferenz, 73
Kritik wissenschaftlicher Arbeiten, 60
kritisches Denken, 94
Kurse
    anderer Fachbereiche, 33
    Bewegungs- und Sportwissenschaft, 33
    Bildungsforschung, 33
    Biologie, 33
    Informatik, 32
    Lebenswissenschaften, 33
    Mathematik, 32
    Verbraucherverhalten, 33
    Verhaltensmanagement, 33
kurze Vorträge, 69

L
lange Vorträge, 68
Layout, Poster, 78
Lehrbücher, 55
Lernen aus Fehlern, 26
Lerngruppen, 38
Liebe für wissenschaftliche Entdeckungen, 20
Literatur,
    Forschungsartikel, 59
    Forschungsvortrag, 90
    Poster, 80
Literaturüberblick (*lit review*), 56

M
Magazine, 55
Masterstudium,
    absolvieren, 4
    Bücher zu, 97
Material für die Forschung, 78

Mathematik
    konzeptuelle Formeln, 39
    Kurse, 32
    Rechenformeln, 39
Methode
    Forschungsartikel, 57
    Forschungsvortrag, 89
    Poster, 80
Methoden der Forschung, 97
Mini-Konferenzen, 16
Mobiltelefone, 93
Moderator, 86
Monitor on Psychology (Zeitschrift), 29

N
nationale Konferenzen, 31, 67
nationale psychologische Organisationen, 28
Nervosität siehe Angst
Neuropsychologie, 67
Newsletter, 28, 29, 62
Notizen, 30, 92

O
öffentliches Reden
    Angst, 85
    Bücher, 98
Organisationen, 29

P
positive Verstärkung, 92
Posterparadoxon, 81
Posterpräsentationen, 83
    Autoren/Zugehörigkeiten, 79
    Betrachten, 82
    darüber sprechen, 82
    Diskussion, 80
    Einleitung, 79
    Ergebnisse, 80
    Größe, 77
    Handouts, 81
    Literatur, 80
    Methode, 80
    Möglichkeiten, 76
    Richtlinien zur Postererstellung, 76
    Schriftarten/Layout, 78
    Stil, 78
    Titel, 79
Postersessions, 16, 70, 75
PowerPoint
    Forschungsvorträge, 87
    Posterpräsentationen, 77, 78
Präsentationsfernbedienung, 93

Präsentieren eines Posters, 81
Primärquellen, 49
   Auswahl, 48
   bei der Recherche zitierter
      Literatur, 46
   im Internet, 47
   in der Bibliothek, 45
   lesen, 49
   PsycINFO, 46
Professionalität, 26
professionelle Verantwortung, 22
PsycCRITIQUES (Zeitschrift), 55
Psychological Bulletin (Zeitschrift), 45, 52
Psychological Review (Zeitschrift), 45
Psychological Science (Zeitschrift), 29
Psychologie
   Bachelorstudium,
      Forschungsschwerpunkt, 1
Psychologiefachbereich
   Geld für Reisen, 73
   Mitgliederliste, 9
   Newsletter, 61
Psychologielebensstil, 33
   Internetlinks, 28
   Kursauswahl, 33
   und eigene Fachbuchsammlung, 31
   und Konferenzen, 31
   und Veranstaltungen der Universität, 30
   unterstützende Organisationen, 29
Psychologische Rundschau (Zeitschrift), 29
Psychonomic Bulletin and Review
   (Zeitschrift), 46
PsycINFO, 46, 48
Publication Manual (APA), 31, 52

Q
Quadratsumme, 38, 39
Quellenauswahl, 53, 55, siehe auch
   Primärquellen

R
Rechenformeln, 38, 39
Recherche nach zitierter Literatur, 46
Rechtspsychologie, 67
regionale Konferenzen, 67
Regression zur Mitte, 40
Rekrutierung von Probanden, 22
Report Psychologie (Zeitschrift), 28
Research Internships in Science and
   Engineering (RISE), 11
review (Überblicksartikel), 29
Review of General Psychology
   (Zeitschrift), 45

RISE. siehe Research Internships in Science
   and Engineering
Rückmeldung
   zum Übungsvortrag, 91
   zum wissenschaftlichen Schreiben, 63

S
Schreiben. siehe Forschungsvorträge, Poster-
   präsentationen, wissenschaftliches
   Schreiben
Schriftarten
   für Forschungsvorträge, 87
   für Poster, 78
Schriftgröße, 78, 87
Schwarzes Brett, 10
Seminararbeiten, 61
Seminare. siehe Kurse
serifenlose Schriftarten, 78, 87
Sessions (Sitzungen), 69, 86
Sitzungen (Sessions), 86
Social Science Citation Index (SSCI), 46
soziale Unterstützung, 25
Sozialpsychologie, 66, 67
Statistik
   Bücher, 97
   fünf Gebote des Lernens, 40
   für den alltäglichen Gebrauch, 40
   im Ergebnisabschnitt, 58
   konzeptuelle vs. Rechenformeln, 39
   Kurse besuchen, 37
   Lerngruppen, 38
   Texte lesen, 37
   Übungen bearbeiten, 37
   und zukünftiger Arbeitgeber, 40
   Wichtigkeit, 36
Statistik lernen, 41
statistische Argumentation, 36
statistische Testverfahren, 58
Steele, Claude L., 27
Stichprobengröße, 40
Stichpunkte, 79, 87
Stichwörter, 79
Stil des Autors, 61
Stress, 26
Studienprogramme im Bereich Therapie, 10
Suchmaschinen, 47
Symposien, 69

T
Tabellen,
   auf Postern, 80
   Darstellung von Statistiken, 58
   in Forschungsartikeln, 49, 59

Tagung experimentell arbeitender
    Psychologen (TeaP), 67
Teamwork, 21
TeaP. siehe Tagung experimentell
    arbeitender Psychologen
Terminplanung, 24
thematische Konferenzen, 67
Thomson Scientific, 48

U
Überblicksartikel (review), 29, 54
Universitätsabschluss in Psychologie
    Anzahl der Absolventen,
    Minimalanforderungen, 96
unveröffentlichte Artikel, 71

V
Varianzanalyse (analysis of variance), 43
Veranstaltungen der Universität, 30
Verantwortung, professionelle, 22
Versuchsdesign, 39
Videoaufzeichnung, 91
Vorträge. siehe Forschungsvorträge

W
Web of Science, 48
Webbasierte Hilfsmittel, 47
Wettbewerbe
    in der Forschung, 16
Wiederholung, 37
Wikipedia, 43
Wireless Presenter. siehe
    Präsentationsfernbedienung
wissenschaftliche Bücher, 54
wissenschaftliches Schreiben 51, 64, siehe
    Forschungsartikel
    APA-Stil, 53
    Begründung für, 52
    für Veröffentlichung, 63
    Hilfe, 63
    Quellenauswahl, 55
    Stil des Autors, 61
Workshops, 70

Y
Young Researcher Programme (YRP), 10

Z
Zahlen in einer Tabelle, 80
Zeitlimit eines Vortrags, 86, 87, 91
Zeitmanagement, 24
Zeitungen, 55
Zielsetzung, 24

Zinsser, William, 64
Zufallsstichprobe, 40
Zugänglichkeit von Quellen, 53
Zugehörigkeiten, 79
Zuhören bei Forschungsvorträgen, 69, 94
Zukünftige Forschung, 58
Zusammenarbeit, 21
Zusammenfassung (Abstract), 46
Zuschüsse, 16

Springer Spektrum springer-spektrum.de

Psychologie für Ihren Alltag!

150 psychologische Aha-Experimente
Beobachtungen zu unserem eigenen Erleben und Verhalten

Serge Ciccotti

2011. XII, 388 S. mit 10 Abb. Br.
ISBN 978-3-8274-2843-1
▶ € (D) 24,95

Glückliche Menschen leben länger
Experimentelle Streifzüge in die Psychologie der Lebensführung

Jordi Quoidbach

2012. VIII, 200 S. mit 20 Abb. Br.
ISBN 978-3-8274-2856-1
▶ € (D) 14,95

Hundepsychologie
Experimentelle Streifzüge in die Psychologie von Mensch und Tier

Serge Ciccotti, Nicolas Guéguen

2011. X, 290 S. mit 17 Abb. u. 20 Tab. Br.
ISBN 978-3-8274-2795-3
▶ € (D) 19,95

Einfach bestellen:
SpringerDE-service@springer.com   Telefax +49(0)6221/345 – 4229

Springer Spektrum   **springer-spektrum.de**

Psychologie für Ihren Alltag!

Wie Gedanken unser Wohlbefinden beeinflussen
Auswirkungen der Psyche auf die Gesundheit

Virginie Dodeler, Gustave-Nicolas Fischer

2013. ca. 288 S. mit 51 Abb. Br.
ISBN 978-3-8274-3045-8

▶ € (D) 19,95

Ein Gedächtnis wie ein Elefant?
Tipps und Tricks gegen das Vergessen

Alain Lieury

2013. ca. 320 S. mit 57 Abb. Br.
ISBN 978-3-8274-3043-4

▶ € (D) 19,95

Warum verhalten wir uns manchmal merkwürdig und unlogisch?

Sylvain Delouvée

2013. ca. 192 S. mit 87 Abb. Br.
ISBN 978-3-8274-3033-5

▶ € (D) 14,95

Einfach bestellen:
SpringerDE-service@springer.com   Telefax +49(0)6221/345 – 4229

GPSR Compliance
The European Union's (EU) General Product Safety Regulation (GPSR) is a set of rules that requires consumer products to be safe and our obligations to ensure this.

If you have any concerns about our products, you can contact us on

ProductSafety@springernature.com

In case Publisher is established outside the EU, the EU authorized representative is:

Springer Nature Customer Service Center GmbH
Europaplatz 3
69115 Heidelberg, Germany

www.ingramcontent.com/pod-product-compliance
Ingram Content Group UK Ltd.
Pitfield, Milton Keynes, MK11 3LW, UK
UKHW021329180426
11947UKWH00017B/1537